KB253396

정경옥
-한국 감리교 신학의 개척자-

현대 신학자 평전 16

정경옥
−한국 감리교 신학의 개척자−

김영명 지음

머리말

　정경옥(鄭玉景)은 김재준, 박형룡과 더불어 1930년대 한국 신학계를 대표하는 신학자이다. 아쉽게도 정경옥은 41세의 젊은 나이에 타계하였다. 유동식은 『한국신학의 광맥』(전망사, 1982)에서 정경옥을 소개하면서 이렇게 썼다. "그의 공적은 혜성같이 뚜렷했다. 그의 활동 기간은 혜성같이 짧았다. 그리고 혜성이 사라진 후 기억하는 이가 적듯이 오늘날 신학자 정경옥 교수를 기억하는 이가 드물다." 주위의 사람들에게 정경옥에 대하여 말하곤 했는데, 신학을 한 많은 사람들이 "정경옥이 누구냐?" 또는 "뭐 하는 여자냐?"라고 물었던 말이 생각난다. 아무쪼록 정경옥이 더 많이 알려졌으면 하는 마음 간절하다. 한국 사회와 교계, 신학계가 점점 보수화되어 가는 이때, 정경옥을 다시 기억하고 그의 생애와 신학을 통하여 오늘 신학함의 자리와 의미를 찾는 것은 숨은 보화를 찾는 일이라고 생각한다.

나는 물리학을 전공하던 대학 시절, 한양대학교 도서관에서 만난 유동식 교수의 책을 통하여 어설프지만 정경옥을 알게 되었고 그의 "신앙에 있어서는 보수주의요, 신학에 있어서는 자유주의란 입장을 취한다."는 정신을 마음속에 두어 왔다. 그리고 나중에 신학대학원에 진학하여 박사 논문의 주제로 정경옥 교수를 택했다. '현대 신학자 평전' 시리즈의 하나를 맡게 된 것도 이러한 인연 때문이었다.

이 책은 정경옥의 생애와 사상적 배경과 신학뿐만 아니라 영성을 중요하게 다루었다. 21세기는 영성의 시대라고 한다. 정경옥의 영성을 살피는 일이 참된 영성이 어떠함을 이해하고 실천하는 데 도움이 되었으면 한다. 아울러 과학의 시대에 과학과 신학 사이의 관계가 어떠해야 하는지도 70년 전 정경옥의 입장을 살피면서 하나의 실마리를 발견했으면 한다.

이 책이 나오기까지 수고하신 살림출판사 전 팀장 김병규 목사와 정지영 팀장께 감사드린다.

2008년 4월
김영명

차 례

1. 생애와 사상적 배경

1) 생애

정경옥은 1903년 5월 24일 전라남도 진도읍 철마산 아래 마을 교동에서 '부잣집 맏아들'로 태어나 진도에서 소학교를 졸업하였다. 경성고등보통학교(현 경기고교) 재학 중이던 1919년에는 삼일운동 학생 시위에 참가했다가 제적당하였다. 이후 그는 고향으로 내려와 한학을 공부하였고, 한학을 공부하던 서당생들과 고향 친구 박종협, 박석현, 김인수 등과 함께 '보향단'을 결성, 「독립신문」 등을 제작하여 배포하다 체포되어 목포 형무소에서 6개월간 옥고를 치렀다. 감옥 생활 중 그는 성서를 접하게 되었고, 성서를 통하여 깊은 신앙체험을 했으며, 감옥에서 만난 한 성도와 신앙적인 대화를 통하여 기독교로 개종하였다.[1] 석방된 후 진도로 돌아와 함께 개종한 '옥중 친구들'과 1920년 진도읍교회를 설립하였다.

정경옥은 경성고등보통학교 1학년(14세) 때 허순화와 결혼
했다. 정경옥의 아버지가 13대 독자였기 때문에 그를 일찍 결
혼시켰을 수도 있고 그때의 사회적 풍조를 따랐을 수도 있다.
미국 유학 중 허순화 사모는 별세하였다. 허순화 사모와의 사
이에는 정의현과 정휘성이 있다. 정경옥은 1931년 감리교신
학교에 부임하여 내리교회 김현호 목사의 딸 김신애와 결혼
하였다. 김신애 사모와의 사이에는 정우현,2) 정재현, 정혜숙
이 있다.

이후 정경옥은 서울로 올라가 기독교청년회(YMCA) 학관에

___

1) 선한용, 「철마 정경옥 교수의 생애에 대한 재조명」, 『기독교신학개
   론』, 감리교신학대학교 출판부, 2005, 3~8쪽.
2) 1933년 1월에 감신대 교수 사택에서 났으므로 감리교신학교 주소
   인 '서대문구 냉천동 31번지'가 본적으로 되어 있다. 현재 고려대
   교육학과 명예교수이다.

서 영어 실력을 닦으면서 두 살 위인 김재준을 만났다.3) 당시 기독교청년회는 이상재, 윤치호, 신흥우 총무 등이 하나가 되어 뜻있는 청년들과 시민들에게 민족의식을 고취하고 신지식을 제공하는 역할을 하였다. 그 후 정경옥은 일본에 유학, 도쿄 아오야마학원(靑山學院) 대학4)에서 신학을 공부하던 중 1923년 9월, 관동대지진이 일어나자 귀국하였다. 대지진이 일어난 곳에서 정경옥이 목숨을 구하게 된 이야기는 아주 극적이다.

> 지진이 났을 때 일본인 집 2층에서 밥을 짓고 있었다 한다. 그는 지진이 나자 창문을 열고 집 오른쪽으로 뛰어내렸는데, 그 집이 다행히 왼쪽으로 쓰러져 목숨을 건질 수 있었다. 그러나 그가 뛰어내리자마자 일본 경찰에게 붙잡혀 많이 구타를 당해 죽을 뻔했다. 그때 한 일본인이 나타나 일본 경찰을 향하여 "같은 인간인데 조선 사람이라는 이유만으로 그렇게 할 수 있는가?" 하고 항의를 하여 그는 풀려날 수가 있었다. 그의 큰딸이 아버지에게 들은 말에 의하면 그 일본 사람은 그가 살고 있던 집 여주인이었다고 한다.5)

---

3) 김재준, 『김재준 전집(13): 범용기(1)』, 한신대학 출판부, 1992, 50쪽; 김경재, 『김재준 평전』, 삼인, 2001, 26쪽.
4) 대부분의 정경옥 소개에는 도시샤(同志社) 대학으로 나와 있다.
5) 선한용, 「철마 정경옥 교수의 생애에 대한 재조명」, 8쪽.

YMCA에서 영어를 배울 때.

　이후 정경옥은 1924년 감리교 협성신학교에 입학하여 1928년 1월 28일 졸업하였다. 당시의 교수진은 교장 왓슨(실용신학), 교감 케이블(교회사), 교수로는 테밍(조직신학), 하디(성서학), 최병헌(한문, 비교종교학), 변성옥(종교교육), 김인영(성서주석)이 있었고, 강사로는 케이블 부인(영어), 레시(종교교육), 김인식(음악), 기무라(일본어), 백남석(영문법), 기쿠지(일본어), 정인보(작문) 등이 교수하였으며, 특별강사로 차재명, 김익두, 레이놀즈 등 보수적인 장로교 목사들도 강단에 세워 학문적으로 자유로운 분위기를 볼 수 있었다.[6] 이용도, 박연서, 유자훈, 남천우, 배덕영, 이동욱, 조신일, 이강산, 윤태현,[7] 차경창, 황치헌, 백학신, 이진구, 이피득 등 41명이 신학교 동기였다. 그는 신학교 시절에 신학적인 토론을 대단히 좋아하였고, 그때의 라이벌이 이용도 목사였다. 일단 논쟁이 붙으면 밤을 새워 논쟁을 했다.[8]

장로교 선교 지역인 진도에서 태어난 정경옥이 감리교 신학교에 진학한 이유는 무엇일까? 첫째, 경성고보 시절에 감리교 신학교에 대한 좋은 이야기를 접했을 가능성을 생각할 수 있다. 그러나 그가 진도로 낙향한 후에 감옥에서 기독교로 입문한 것을 보면 그 가능성은 희박하다. 둘째, 감리교 계통 학교인 아오야마학원 대학에서 잠깐이지만 감리교의 영향을 받았을 가능성이 있다.[9] 셋째는 가츠라 암살음모 사건으로 진도

---

6) 윤춘병, 『한국감리교 교회성장사』, 감리교출판사, 1997, 391쪽.
7) 정경옥의 광성고보 신앙강연을 듣고 감리교신학교에 지원하게 되었으나 신체검사에서 불합격하고 나중에 감신대 조직신학 교수를 역임한 윤성범의 부친이다. 윤성범, 「정경옥, 그 인물과 신학적 유산」, 『한국사회와 한국 교회의 과제』, 감신, 348~349쪽.
8) 윤성범, 「정경옥, 그 인물과 신학적 유산」, 350쪽.
9) 아오야마학원 대학을 나온 대표적 인물로는 김재준, 송창근, 전성천, 전영택, 신사훈 등이 있다. 장로교 출신 중에는 감리교 계통인 아오야마학원 대학과 칸사이학원 대학 신학부 출신들이 한국 장로교에 진보적인 신학 그룹을 형성하였다. 1930년대 '여권문제 사건'의 김춘배 목사, '창세기 모세저작 부인사건'의 김영주 목사는 장로교 목사로서 칸사이학원 대학에서 신학을 공부하였다.

에서 유배생활을 하면서 전도활동을 한 손정도 목사(1882~1931)의 이야기를 부모나 주위 사람들에게서 전해 듣고 감리교 신학교로 입학했을 가능성이다. 손정도 목사는 민족운동가로 상해 임시의정원 의장을 지냈으며 '손정도식 부흥회'라는 말이 생길 정도로 일제 시대 목회자들에게 잘 알려졌다. 손정도 목사는 1912년 11월부터 1913년 11월 5일까지 진도에서 유배생활을 하며 전도활동을 하는 동안 신앙과 민족의식이 더욱 깊어졌다. 손정도는 기독교사회주의를 바탕으로 길림에서 목회하던 때 학생 김일성과 각별한 관계를 맺게 되고, 김일성은 『세기와 더불어』에서 손정도를 '독실한 기독교 신자'이며 '독립운동에 헌신한 훌륭한 애국자', '국부', 그리고 자신의 '생명의 은인'이라고 회고하였다.[10] 어느 하나의 가능성으로만이 아니라 둘째, 셋째의 경우가 장로교 출신인 정경옥에게 복합적으로 영향을 미쳐서 그가 감리교 신학교로 진학을 결정하게 되었으리라 생각한다. 정경옥은 신학교 졸업 직후 「기독신보」에 '사랑'이란 주제로 8번에 걸쳐 글을 연재하여 교계의 주목을 받았다.

정경옥은 1928년 9월 미국에 유학하여 개릿 신학교(Garrett

---

10) 유동식, 『한국 감리교회의 역사 Ⅰ』, 424~425쪽; 김창순·김승일, 『해석 손정도의 생애와 사상 연구』, 넥서스, 1999, 85~92쪽; 이덕주, 「손정도 목사의 생애와 기독교 사상」, 김득중 편, 『손정드 목사의 생애와 사상』, 감리교신학대학교 출판브, 2004, 53~54쪽 참조

개릿 신학교 재학 시절 외국인 유학생들과 함께.

Biblical Institute)에서 공부하면서 해리스 프랭클린 롤 교수의
제자가 된다. 1928년 첫 학기인 가을 학기에 신약 과목으로
'기초 그리스어'와 조직신학 과목으로 '종교의 본질'을 수강
하였다. 겨울 학기에는 신·구약 각 1과목과 조직신학 1과목
등 3과목을 수강하였다. 구약은 타 과목에 비해 성적이 약간
낮았다. 1929년 봄 학기와 여름 학기에도 쉬지 않고[11] 전공
인 조직신학과 부전공인 신약 과목을 공부하였으며, 교회사와
사회학, 종교철학과 윤리학 분야의 과목을 각각 수강하였다.

---

11) "그는 학교 재학 중 수업시간과 자는 시간을 빼놓고는 거의 우유
　　와 빵을 사 가지고 도서관에 들어가 독서하면서 시간을 보냈다."
　　선한용, 「철마 정경옥 교수의 생애에 대한 재조명」, 9쪽.

개릿 신학교에서 학사학위를 취득하고.

그가 여름 학기까지 풀타임 학생으로 공부하여 단 2년 만에 학사학위(B.D.)를 취득할 수 있었던 것은 한국 감리교 신학교에서 수강한 인문학과 종교교육 분야의 5과목을 인정받았기 때문이다.

1930년 가을 학기에 1과목, 1931년 겨울 학기에 3과목, 1931년 봄 학기에 1과목 등 5과목을 수강하고, 1931년 9월 노스웨스턴 대학에서 「신비주의의 저등과 고등 형식들 사이의 구별에 관련한 J. H. 류바의 종교 신비주의 심리학에 대한 고찰(An Examination of J. H. Leuba's Psychology of Religious Mysticism with Reference to the Distinction Between the Lower and the Higher Forms of Mysticism)」이란 논문을 제출하여 조직

왼쪽: 노스웨스턴 대학에서 석사학위를 취득하고 갈홍기 박사와 함께.
오른쪽: 미국 유학 시절 친구와 함께.

신학 석사학위를 받았다. 그의 학업 성적은 아주 우수했다. 박사 과정을 계속하려고 하였으나 그는 모교의 요청을 받고 귀국하였다.

귀국하면서 있었던 에피소드다. 정경옥이 배를 타고 태평양을 건너오던 중 어느 날 마음에 들리는 소리가 있었다. "네 이놈, 개릿 신학교 도서관에서 읽은 책들의 내용을 필기한 노트 열 상자를 믿고 공부를 게을리하려고 하느냐? 이것이 너의 우상이 될 것이다." 이 소리를 들은 후 그는 선원실에 들어가 그 상자를 창고에서 내어 달라고 부탁했다. 선원들이 말을 듣지 않아서, 정경옥은 선장에게 달려가서 사정을 했다. 다행히

왼쪽: 갑판 위에서 외국인 친구와 함께(1931년 7월 4일).
오른쪽: 친구들과 함께(왼쪽이 갈홍기, 가운데가 중국인 친구, 오른쪽이 정경옥).

내주어서 열 개의 상자를 전부 태평양 바다에 던져 버렸다. 그래서 정경옥은 자기가 읽은 것을 기록해 둔 노트에 의존하지 않고 늘 새롭게 책을 읽고 연구생활을 하고자 하였다.

정경옥은 1931년 봄 학기부터 감리교신학교에서 전임강사로서 강의를 시작했다. 해박한 지식과 학문에 대한 진지한 자세, 깊이와 넓이를 겸한 열정적 강의로 인해 그는 순식간에 인기 있는 '명교수'가 되었다. 강의와 설교뿐만 아니라 그의 글은 누구나 이해하기 쉬운, 그러면서도 지식과 함께 감동을 주는 필체로 널리 읽혔다. 김철손은 "정경옥 교수는 똑똑한 사람이고 학적 실력이 대단하고 게다가 진보적긴 신학 사상

1931년 감신 교수들과 함께(앞줄 왼쪽에서 세 번째가 채핀 부교장,
네 번째가 빌링스 교장, 여섯 번째가 변홍규 박사, 뒷줄 맨 왼쪽이 정경옥).

을 가진 사람으로 알려졌기 때문에 젊은 세대(학생들)에게 인
기가 높았다. 사실 그 당시에는 한국 안에 그만큼 진보적인
신학자가 없었다."[12]고 말했다. 학교 강의뿐 아니라 교회에도
자주 초빙받아 강연, 혹은 설교를 하였는데 "그의 열변은 온
청중을 완전히 사로잡고 말게 되었다. 그의 설득력은 말할 수
없이 컸던 것을 지금도 기억하고 있다. 그의 특이한 표현은
학생들이 제각기 흉내를 내어 보기까지 할 정도로 인기 절정

---

12) 김철손, 「정경옥과 성서연구」, 『신학과 세계』 통권 제5호, 1979,
　　22쪽.

에 올랐던 것이다."고 윤성범은 말하였다.[13]

정경옥은 감리교신학교에서 제자들을 가르치는 한편 1933년
부터 수표교교회에서 목회를 시작하였다. 1934년 중부연회에
서 정경옥과 함께 이형재, 최경운, 장석영 등이 준회원으로
허입되었다. 정경옥은 1937년 제6회 중부연회에서 목사 안수
를 받았다. 이때 그는 원동교회(현 계동교회)로 파송되어 있었
다. 나리츠 목사가 정회원으로 원동교회에 있었으며 정경옥은
준회원 3년급이었다.

정경옥은 교수 취임 이후 강의뿐만 아니라 논문 집필에도
힘을 기울였다. 감리교신학교 교지인『신학세계』의 주간을 맡
으면서 1932년에서 1936년까지 5년간 60여 편의 신학 논문
을 발표했고, 한 권의 책『기독교의 원리』(1935)를 집필하였
다. 한국 감리교회 신앙고백인 '교리적 선언'을 해설한『기독
교의 원리』는 한국 감리교회의 신앙과 신학의 원리를 정리한
것으로 오늘까지 널리 읽히고 있다.[14] 이 외에도 YMCA에서
발간한『청년』, 류형기 박사가 주간으로 펴낸『신생』, 전영택
목사가 발간한『새사람』, 김재형 목사가 발간한『부활운동』,

---

13) 윤성범, 「정경옥, 그 인물과 신학적 유산」, 347쪽.
14) 정경옥, 『기독교의 원리』, 감리교신학교, 1935. 이 책은 1935년 초
　　판이 발행된 이후 판을 거듭하여 인쇄되었고, 1995년 교육국에서
　　순한글로 바꾸어 수정판을 발행하였다. 감리교회의 목회자와 임원
　　들이 읽어야 할 필독서의 하나이다.

스톡스(M. B. Stokes, 도마련) 선교사가 발행하던 『성화(聖火)』, 채핀(A. B. Chaffin) 부인이 편집하던『우리집』15)에 여러 논문과 일기, 수상, 설교 등을 발표했다. 또한 그는 강연 활동을 많이 하였다. 1936년 7월 28일부터 8월 4일까지 외금강 온정리에서 열린 제6회 하기기독교교육대회에서 '조선 기독교 신학사상의 전망'이란 제목으로 이론상·도덕상·신령상 전망을 강연하였다.

정경옥은 감리교신학교에서 대여섯 명의 학생들을 지도하는 독서구락부를 운영하였다. 이는 주중에 한 번 한 명의 교수를 중심으로 정규 수업 시간 외에 공부를 하는 요즘의 학회 활동과 같은 것이다. 그는 학생에게 연구할 책을 정해 주고 개인지도를 하면서 연구하게 하였다.16) 또한 정경옥은 동문회 활동을 활발히 하였으며 감리교신학교에서 열린 제4회 감리교신학교 동창회 정기총회에서 회장으로 선출되기도 하였다.

훗날 기독교조선복음교회를 창설한 최태용 목사가 일본 유

---

15) 감리교 총리원 교육국 여자사업부에서 1931년 12월 10일 시인 장정심이 펴내기 시작하여 채핀 부인의 편집과 로제타 셔우드 홀(Rosetta Sherwood Hall, 허을)의 발행으로 나왔다. 부녀자들을 대상으로 가정적인 내용을 다루었는데, 오래 발행되지 못하고 1936년 12월 1일자로 종간되었다. 윤춘병, 『한국감리교회 출판문화연구』, 감리교신학대학교 출판부, 2005, 280~281쪽.

16) 송정률, 마경일, 김광우, 윤종선, 주신자, 김순자(?) 등이 한때 구성원이었다. 김광우, 『나의 목회반세기』, 바울서신사, 1984, 36~37쪽; 김광우, 『빛으로 와서』, 도서출판 탁사, 2002, 70~71쪽.

제3회 종교교육강습회(1933년 12월 28일. 앞줄 왼쪽에서 세 번째가 정경옥, 다섯 번째가 류형기 목사, 여섯 번째가 배덕영 목사, 일곱 번째가 문요한 선교사)

학을 마치고 1933년 5월 귀국하여 '조선신학숙'을 설립하겠다고 공표했으나 지원자가 없어 실패하였다. 이후 종로 6가 부활사 강당에서 1933년 9월 3일부터 매주일 오후 2시에 복음집회를 열었다. 이때 참석한 이들 가운데 김교신, 김재준, 정경옥, 송창근 등이 있었고, 집회 후에 토론하며 우의를 나누었다. 당시 부활사는 진보적인 신학자들이 만나 서로 사귀는 사랑방 역할을 하였다. 1935년 12월 22일 최태용은 윤치병, 백남용, 이덕봉, 박지철 등 40여 명의 동지들과 '기독교조선복음교회'를 창설하였다. 최태용이 시무하는 경성교회(현 서

울복음교회)가 너무 좁아 1937년 5월 16일 부활사를 매입하고 경성복음교회 수당식(헌당식)을 가졌다. 이곳은 새로운 신학의 진원지이자 '영적 기독교'의 샘터로서 김재준, 정경옥, 송창근이 자주 찾아와 교우하였다.

정경옥은 감리교신학교에서 교수한 지 5년 만인 1937년 3월, 구체적 이유를 설명하지 않은 채 교수 생활을 청산하고 고향인 진도로 내려갔다. 정경옥의 생애에서 항상 미스터리로 남아 있었던 낙향의 이유는 이덕주가 정경옥 자신의 글을 발견하고 분석함으로 밝혀지게 되었다.[17) 한창 명강의로 학생들의 선망의 대상이었으며 열정적으로 교수 생활을 하던 명교수가 느닷없이 교수직을 버리고 고향으로 낙향하게 된 이유에 대해 여러 가지 추측과 설이 많았다.

"그의 신학이 너무 자유주의적이어서 교회 안의 보수주의자들과 보수적 장로교 신학자들로부터 감신이 공격을 받게 되자 교단과 재단 측으로부터 압력을 받아 그가 학교를 떠나게 되었다."

"학생들이 그의 강의에만 몰리고 인기가 치솟게 되면서 다른 교수들의 질투와 배척을 받아 학교를 떠났다."

심지어는 "윤리적인 문제로 교수직을 유지할 수 없었다."

---

17) 이덕주, 「정경옥의 귀거래사」, 『세계의 신학』2002년 여름호, 121쪽.

는 소문까지 돌았다. 뚜렷한 증거가 없는 소문들이었다. 그의
글에서 질병과 모함으로 인한 심신의 피로가 낙향의 이유로
언급되기도 하지만, 그보다는 교수로 재직하는 동안 자신도
모르게 젖어든 타성과 타협의 생활 습관에서 오는 '영적 위
기'가 더 큰 원인이었다.18)

    신학교에서 교편을 잡은 지 5, 6년 동안에 나는 무엇
을 하였는가. 봄이 되면 봄 과정을, 가을이 되면 가을 과
정을, 그리고 겨울이 되면 겨울 과정을 해마다 같은 노트
에 같은 방법으로 기계를 틀어 놓은 것 같은 강의를 반복
하는 동안에 해마다 말은 자라나 생명은 죽어서 스스로
독서도 하지 않고 연구도 끊이고 생활에 반성이 없으며
창작력이 진하였다. 날마다 사는 것이 외부에 있어서 광
대(廣大)하고 내면에 있어서 외축(畏縮)하는 생활이었다.
나의 영은 나날이 황폐의 여정을 밟고 있었다. 기도를 하
여도 마음속에서 솟아 나오는 기도가 아니었고, 노래를
불러도 혼이 들어 있는 노래가 아니었다. 이것이 끊임없
이 괴로웠다. 누가 무어라고 말하는 이는 없으나 나로서
는 쓴 잔을 마시는 것같이 괴로웠다. 내 몸이 세상에 알
려지고 칭찬하는 소리를 들을 때마다 나는 더욱 괴로웠
던 것이다.19)

---

18) 같은 곳.
19) 정경옥, 「위기·흙·나」, 『새사람』 제7집, 1937, 11~12쪽; 정경옥,

정경옥의 낙향은 경제적인 것도, 육신적인 것도, 물질적인 것도, 정치적인 것도 아니었다. 그것은 정신적인 것이었고, 신앙적이고 영적인 것이었다. 교수이기 전에 목사로서, 학자이기 전에 신앙인으로서 있어야 할 영적 활력의 고갈로 인한 내적 위기감이 그를 떠나게 만든 것이다.[20]

> 내가 무슨 염치로 다른 사람을 비평하고 다른 사람을 책망하랴. 내가 왜 환경이나 시대에 책임을 돌리랴. 내 주위의 여러 가지 조건보다도 나 자신이 더 약하였고, 이 시대보다도 나 자신이 더욱 병들어 있었다. 좀 더 참되게 살아 보자. 좀 더 굳세게 움직이자. 한 걸음 걸어도 혼이 들어 있는 걸음을 걷자. 한마디 말을 하여도 생명이 들어 있는 말을 하자. 내게는 혼도 열도 성의도 없다. 생이 값 있는 것이라면 보다 더 엄숙하여야 한다. 보다 더 진지하여야 한다. 이러한 생각을 하면서도 나는 그대로 5, 6년이란 세월을 지내 오고 말았다.[21]

낙향 이후 정경옥의 생활은 단순한 삶이었다.

『정경옥 교수의 글모음』, 572~573쪽.
20) 이덕주, 「정경옥의 귀거래사」, 121~122쪽.
21) 정경옥, 「위기·흙·나」, 12쪽; 정경옥, 『정경옥 교수의 글모음』, 573쪽.

내가 이 마을을 찾아 온 후로 나의 생활은 극히 단순하다. 복잡한 세상에서 단순을 가질 수 있는 흙의 사람이 된 것만으로도 기쁘다.

노동하는 것, 세끼 밥 먹는 것, 밤이면 잠자는 것, 이런 것밖에는 아무런 원망도 공명심도 없이 운명을 달게 받고 그날그날을 즐기는 단순한 생활이 그 얼마나 거룩한가. 자동차를 타고 먼지를 피우며 거리를 달리는 것보다 꽃 피고 새 노래하는 들길을 한 걸음 한 걸음 뚜벅뚜벅 걸어 보는 것이 얼마나 깨끗하고 엄숙한가.

어제도 종일토록 바닷가에서 즈개를 주웠다. 어린이와 같이 단순한 마음으로 노래도 부르고 뛰기도 하였다. 이 세대는 목표도 없이 바쁘게 서둘기만 하는 것 같다. 복잡하게 늘어놓기만 하고 통일도 조화도 조직도 없다. 누구나 힘은 적게 들이고 이익은 많이 얻으려고 한다. 그렇기 때문에 법을 따지고 권리를 다투고 원수를 맺는다. 여기에서 감각은 발달하여 성화(聖化)되고 영은 시들어 천시를 당한다.

나는 아무런 비밀도 술책도 비창도 조롱도 가장도 외화도 없는 이 마을의 생활을 숭경(崇敬)한다.[22]

정경옥은 1937년 3월부터 1939년 3월까지 고향인 진도에서 고향의 '흙'을 밟으며 단순한 생활을 하는 동안, 몇 사람의

---

22) 같은 책, 575쪽.

친구, 혹은 몇 사람의 원수로 살았던 자신을 반성하고 '모든 사람의 원수'와 '모든 사람의 친구'가 되신 예수를 사모하게 되었다. 결국 정경옥이 고향에서 재발견한 것은 예수였다.[23] 그는 이렇게 재발견한 예수로 영혼의 샘에 생수가 넘쳐나서, 예수의 생애를 그린 『그는 이렇게 살았다』(1938)와 한국 최초의 조직신학 개론서인 『기독교신학개론』(1939)을 집필하였다.

정경옥이 진도에 있었을 때 일어난 일이다. 감리교신학교를 그만두고 고향 진도에 내려와 있을 때 정경옥 교수와 그의 부친 사이가 아주 나빴다. 부친은 관직에 있는 둘째 아들과 비교하며 미국 유학까지 마치고 온 큰아들이 교수직을 그만두고 진도에 내려와 농민들, 거지들과 같이 지내며 시간을 보낸다고 꾸지람을 하였다. 정경옥 교수와 그의 부친 사이에는 자주 이러한 충돌이 있었다. 제2차 세계대전 직전에 정경옥 교수가 집에는 아무 말도 없이 어디론가 사라졌다. 그의 부친은 놀라서 동네 사람들을 동원하여 인근 철마산을 뒤졌는데, 3일 후에 산꼭대기 소나무 밑에서 책을 읽고 있는 정경옥을 찾았다. 그는 3일 동안 굶고 사색하며 책을 읽고 있었던 것이다. 정경옥은 집념과 끈기와 고집이 강한 사람이었다. 그는

---

23) 이덕주, 「한국 교회 토착신학 영성에 대하여: 정경옥 교수의 『그는 이렇게 살았다』를 중심으로」, 『한국 교회사학회 주최 국제심포지엄 및 86차 학술대회 자료집』, 2005년 5월, 17쪽.

철마산의 이름을 따서 자신의 호를 '철마'라 하였다.

정경옥은 진도에서 조상들의 묘를 정리하고 묘티를 세우는 일을 하였다. 그가 이러한 작업을 했다는 사실은 그의 신학의 과제인 향토화를 이해하는 데 중요한 단초가 되는 것이라고 생각한다.[24]

정경옥은 1939년 봄부터 다시 서울로 올라와 감리교신학교 교수직을 맡게 되었다. 학생들은 2년 만에 돌아온 그에게서 신학 지식이 아닌 신앙 진리를 머리가 아닌 가슴으로 전하기 위해 애쓰는 '신학 영성인'의 모습을 발견하였다.[25]

1940년 봄 감리교신학교가 일제에 의해 폐교[26]되자 정경옥은 학교에서 쫓겨나 만주 사평가에 있던 만주신학교[27] 교

---

24) 2004년 7월 1일 감신대 한국 교회사학회에서 '조선의 성자를 찾아서'라는 주제로 답사했을 때 나는 정경옥의 이름으로 만들어진 묘비를 확인하였다.
25) 이덕주, 「한국 교회 토착신학 영성에 대하여」, 25쪽.
26) 소위 '감신 삐라 사건'은 교회와 신학 교육을 '군국주의 통제' 아래 두려는 총독부의 치밀한 사전계획에 따라 이루어졌다. 혁신교단의 정춘수 감독은 변홍규 교장과 김창준·정일형·김종만 교수 등 껄끄러웠던 교수들을 추방하고 혁신교단에 협조적인 김인영을 교장으로 하여 1941년 6월에 '신체제로 혁신한' 감리교신학교를 열었다. 이때부터 일본인 교수들이 감신에 나오기 시작했고, 모든 강의는 일본어로 진행되었다. 이덕주, 「감신 삐라 사건」, 『기독교 세계』 2000년 7·8월호, 24~25쪽.
27) 감리교신학교 부교장 채핀 부인이 설립한 감리교 계통 학교인데, 1941년 만주국 설립과 함께 박해를 당해 폐교되었다. 역사위원회 편, 『한국 감리교 인물사전』, 478~479쪽.

만주신학교 교수들과 함께(앞줄 가운데가 정경옥, 뒷줄 오른쪽이 송정률 목사).

장을 맡게 되었다. 이때 그는 가족을 동반하지 않고 홀로 가 있었으며 자기의 사랑하는 제자였던 송정률 목사를 초청하여 함께 신학을 가르쳤다. 그가 신학교 교장을 맡기 전에 그 학교에 강사로 가서 두 학기에 걸쳐 '기독교 원리' 등을 강의한 일이 있었는데, 그 강의를 들었던 한준석 목사는 그 강의가 학생들이 잊을 수 없는 명강의였다고 기억하고 있다. 그러나 교장으로 부임한 지 1년이 채 안 되어 학교가 폐쇄되어 정경옥은 다시 진도로 내려왔다.

1941년 12월 7일(태평양전쟁이 일어난 전날 밤, 만주에서 돌아온 지 얼마 안 되어) 온 식구가 자고 있는데 일본 경찰들이 방으로 들어와 정경옥을 미국의 스파이라고 말하면서 연행해

만주신학교 졸업생 송별 기념(가운데가 정경옥).

갔다. 그를 미국의 스파이라고 해서 구금한 것은 정경옥의 부친과 어떤 일로 분규가 있었던 그 지방의 한 사람이 앙심을 품고 정경옥이 미국의 스파이라고 경찰에 투서를 했기 때문이었다.

그는 곧 진도 경찰서에 연행되어 경찰서 감방에 20일간 구금되었다가 목포 경찰서로 이송되었다. 목포 경찰서에서는 근거가 없다는 이유로 3일 후에 그를 다시 진도 경찰서로 돌려보냈다. 그러나 진도 경찰서는 '스파이 방지책'을 이유로 그를 계속 구류해 두었다. 정경옥을 미국의 스파이라고 모함한 이기행이라는 사람이 나중에 체포되어 진도 경찰서의 같은 감방에 있게 되었는데, 정경옥이 그에게 베푼 친절과 사랑은

기독교조선감리회 북만지방 남부등급 사경회 기념 촬영
(1941년. 앞줄 오른쪽 끝이 정경옥).

같은 감방에 있는 사람들을 놀라게 했다. 정경옥은 부인이 식사를 가지고 오면 그 밥을 이기행에게 주고 자기는 관식(서에서 주는 음식)을 먹기도 했다. 그리고 "타인을 위한 것이 결국 자기가 사는 길이 된다."는 설교를 자주 감방에서 했다. 진도 경찰서는 그를 더 이상 구류할 이유가 없어 73일 만에 정경옥을 석방했다. 그는 석방된 후 계속 진도에 머물렀다.[28)

선한용은 일제 말엽에 정경옥이 광주에 와서 목회를 하게 된 것은 "일본적 기독교단을 형성하라는 (진도 경찰서의) 명령

____
28) 선한용, 「철마 정경옥 교수의 생애에 대한 재조명」, 14~16쪽.

을 받고 출감하여 광주에 자리 잡았다."는 한숭홍의 주장이[29] 사실과 좀 다르다고 밝혔다. 정경옥이 두 번째 진도경찰서에 구류된 기간은 73일이지 8개월이 아니며, 구류된 이유도 위에서 말한 것이었지 사상 관계는 아니었다. 또한 진도 경찰서의 감방은 「일본적 기독교의 신학적 과제」라는 논문을 쓸 수 있는 환경도 되지 못하였고 또한 그런 일은 없었다고 가족들은 증언한다.[30] 정경옥은 당국의 요구에 따라 「일본적 기독교의 신학적 과제」라는, 200자 원고지로 2,300여 매에 이르는 방대한 논문을 썼다. 논리와 문장이 유독 난해한 글이었다. 일본 형사들의 실력으로는 서론도 읽기가 어려웠다. 나중에 그 글을 다 읽은 김천배에 의하면 '일본적 기독교'는 성립이 불가능하다는 것이 글에서 말하는 바였다.[31]

진도에서 요양하던 중, 정경옥은 1943년 2월 광주중앙교회 장로들로부터 "청년과 학생들을 지도해 달라."는 두 번의 요청을 받고 나가 2년여간 목회하였다. 주형옥 장로와 서 장로 등이 진도에 내려가 정경옥을 설득하면서 "광주에 있는 교회를 문 닫은 채 두지 말고 어떻게 해서라도 문을 열어 예배를

---

29) 한숭홍은 김천배의 글을 실마리로 정경옥의 신앙적 훼절과 '친일 행적'의 가능성을 말한다. 한숭홍, 「정경옥의 신학사상」, 『한국 신학사상의 흐름(상)』, 장신대 출판부, 1996, 189쪽.
30) 선한용, 「철마 정경옥 교수의 생애에 대한 재조명」, 17쪽.
31) 김천배, 「정경옥 교수의 편모」, 『기독교사상』 1958년 5월호, 27쪽.

드리도록 하고, 전쟁 후를 대비해서 교회 지도자들을 길러야 하지 않겠습니까? 꼭 오셔서 교회를 돌봐 주십시오.” 하고 간청했다. 그러나 정경옥은 “곧 새 시대가 오는데 왜 내가 가야 하느냐?”고 하면서 그 요청을 거절했다. 두 장로는 후에 다시 진도에 내려가 “선생님이 오셔야지, 신도들을 이대로 방치해 둘 수는 없지 않습니까?” 하고 간청했다. 정경옥은 이 두 번째 간청마저 거절할 수는 없었다. 정경옥은 광주중앙교회에서 목회하는 동안 이미 친일교단으로 변질된 일본기독교조선장로교단의 지시를 받아들여 전남교구장을 맡는 등 외견상 협력하는 자세를 취하였으나, 토요일과 일요일을 제외하고 매일 새벽 4시부터 6시까지 교회 청년 10여 명을 모아 비밀리에 신학을 가르쳤다. 그때 영향받은 이들로는 조선출, 성갑식, 김천배, 김학준, 신성철, 정인보, 박요한, 조아라, 김상백, 이준묵 등이 있다.

제자들의 증언에 의하면, 정경옥은 강의를 준비할 때는 종이에 자세히 적어 가며 철저하게 원고를 만들었으나, 강의를 할 때는 원고를 거의 보지 않았다고 한다. 그는 축농증 때문에 늘 코를 푸는 습관이 있었는데, 강의 후에는 그 준비한 원고 종이로 코를 풀어 쓰레기통에 버렸다. 준비한 원고를 없애 버리면 어떡하느냐고 제자들이 물으면 그는 “원고에 의존하면 공부를 안 하게 된다. 공부는 항상 새롭게 하는 것이다.”

하고 대답했다. 그리고 그가 성경공부를 하면서 늘 하는 말이 있었다. "우리는 교리와 신학에서 벗어나자. 그리고 순수한 마음으로 성서의 본문과 대화를 하며, 거기에서 마음에 와 닿는 진리를 터득해 보자."

정경옥은 태극기를 다락에다 감춰 놓고 지내다가 가끔 어린 아들과 제자들에게 보여 주었다그 한다. 김상덕 목사와 광주 한빛교회 박요현 장로(당시 초등학교 선생)가 함께 정경옥의 사택에 갔을 때 그는 다락에서 태극기를 꺼내서 보여 주고, 다시 집어넣으면서 "조금만 기다려라. 조선은 곧 독립한다." 하고 말해 주었다.

1944년 12월 16일, 정경옥이 맹장염에 걸렸는데 그와 친한 의사가 이를 식중독으로 오진하여 비눗물 관장만 했다. 그사이에 맹장이 터져 복막염이 되었다. 2차에 걸쳐 복막염 수술을 했으나 페니실린과 같은 주사약이 없어서 별 효과를 보지 못했다.[32] 2차에 걸쳐 수술을 할 때 수십 명의 청년들이 피를 뽑아 주었는데 그 피의 총량은 3,500그램이나 되었을 정도였다. 제자들의 정성 어린 간병에도 불구하고 정경옥은 1945년 4월 1일 부활주일, 해방을 4개월 앞두고 42세로 별세하였다. 정경옥이 세상을 떠났다는 소식을 듣고 송창근 박사는 "동양

---

32) 선한용, 「철마 정경옥 교수의 생애에 대한 재조명」, 17~19쪽.

에서 황소가 거꾸러졌다.”고 말했다.

마지막 투병 중, 자신을 찾아온 교인과 청년들에게 정경옥이 유언처럼 한 말이 있다.

“곧 날이 밝는다.”(김천배 선생에게)

“동은 텄는데 해가 뜨지 않는구나.”(정인보 선생에게)

“지금 전황이 어떤가? 앞으로 할 일이 많으니 몸조심하게.”(김학준 선생에게)

“복잡에서 단순으로, 복잡에서 단순으로, 복잡에서 단순으로…….”(김학준 선생에게)[33]

정경옥은 조국 광복에 대한 희망의 메시지들을 제자들에게 남겼다. 그리고 광주에서 새벽마다 가르쳤던 제자들에게 남긴 특별한 유언 “복잡에서 단순으로!”는 1939년 감리교신학교 교수로 복귀한 후 강의실에서 신학생들에게 기회 있을 때마다 외친 교훈이었다.[34]

---

33) 같은 책, 20쪽.
34) 2004년 4월 27일 감신대에서 열린 ‘정경옥 교수 추모기도회 및 강연회’에서 오경린 감독, 김옥라 장로 등의 증언이다.

2) 사상적 배경

(1) 존 웨슬리(John Wesley)

정경옥이 처음으로 신학교육을 받은 신학교는 감리교 협성 신학교이다. 누구에게나 첫발을 디딘 신학교의 신학적 입장이 자신의 기본적 신학을 형성하는 데 결정적이다. 정경옥도 감리교 협성신학교에서 배운 웨슬리 신학에 바탕을 든 감리교 신학이 그의 신학 배경으로 중요한 역할을 하였다. 정경옥을 자유주의 신학자라고 단정할 수 없다는 점은 그에게 웨슬리 신학의 영향이 뿌리 깊게 자리 잡고 있음을 통하여도 알 수 있다.

웨슬리 신학은 성서, 전통, 이성, 경험을 신학의 4대 표준으로 삼는다. 이것은 감리교 신학뿐만 아니라 다른 현대 신학에서도 신학의 원천자료로 많이 사용된다. 정경옥은 요한1서 강해를 통해 '성서'에, 교회사의 깊은 이해를 바탕으로 '전통'에, 그리고 자유주의 신학의 특징인 '이성'과 감리교회가 영국 국교회의 전통적인 삼위일체적 틀에 추가한 '경험'에 충실한 신학을 전개했다.

선행 은총은 웨슬리 신학을 다른 개혁신학자들, 특히 칼뱅과 결정적으로 구분해 준다. 따라서 웨슬리 신학의 핵심인 구원론을 이해하는 열쇠이며 다른 신학과 구별되게 하는 고유한 신학 개념이다.35) 웨슬리는 하나님 은총이 미치지 않는 인간과 세계는 없다고 다음과 같이 말한다.

> 모든 인간의 영혼이 죄 안에서 자연적으로 죽어 있다는 사실을 인정한다고 해서 이것이 곧 핑계가 되는 것은 결코 아니다. 왜냐하면 단지 자연적인 상태에 그대로 머물러 있는 사람은 아무도 없기 때문이다. 자신이 성령을 완전히 소멸하기 전에는 하나님의 은총으로부터 완전히 피할 수 있는 사람은 없다. 살아 있는 사람 그 누구도 통속적으로 말하는 자연적 양심(natural conscience)을 전적으로 가지고 있지 않은 사람은 없다. 그러나 이것은 자연적인 것이 아니라 더 적절히 말할 경우 선행 은총이다.36)

선행 은총의 교리 속에서 한편으로 재창조하는 성령의 활동에서 떠나 자신을 구원하려 하는 타락한 인간의 불가능성을 분명히 하고, 다른 한편으로는 하나님께서 인간에게 새로운 가능성을 열어 주기 위하여 인간의 상황에 간섭해 온다는

---

35) 콜린 윌리엄스, 하몬 스미스, 윌리엄 캐논, 스타키, 로버트 몽크, 크로우, 린드스트룀, 로버트 쿠쉬맨 등 웨슬리 신학 연구가들이 선행 은총을 웨슬리 신학의 특이성이라고 증언한다. 변선환 아키브 편, 『요한 웨슬리 신학과 선교』, 한국신학연구소, 1988, 17쪽.
36) Outler, Sermons 85, "On Working Out Our Own Salvation," *Works* 3, 206~207쪽. 테오도어 러년, 김고광 옮김, 『새로운 창조』, 기독교대한감리회 홍보출판국, 1999, 38쪽에서 재인용.

것을 분명히 하였다. 이러한 웨슬리의 신학적 입장은 인간의 응답성 또는 책임성을 긍정적으로 포함하는 역동적인 관점이다.37) 정경옥은 「나의 신조」에서 "사람은 하나님의 창조적 의지의 최고 표현으로서 자활적(自活的) 인격의 소유자이며 그 자체 안에 고귀한 가치와 목적이 있다는 것을 믿는다."38)라고 하여서 인간의 책임성을 강조하였다.

웨슬리 신학의 핵심은 구원론이다.39) 그의 주요 신학적 관심은 온 인류의 구원에 있다. 웨슬리 신학의 종점은 구체적으로는 개체 그리스도인 속에 나타나는 구원의 과정(ordo salutis, 질서)을 밝히는 것이다. 웨슬리는 인류의 구원이 하나님의 사랑, 곧 구속의 은총에 의한 것임을 강조하였다. 종교개혁자들이 칭의(justification)를 강조하였다면, 웨슬리는 성화(sanctification)를 더 강조하였다. 성서에서 가장 중요하게 강조하고 있으며 종교개혁자들의 주요 교리인 '믿음만으로(sola fidei)'와 '거룩한 삶'의 두 주장을 균형 있게 통합한 성화의 신학을 발전시킨 것이다.

---

37) 랜디 매닥스는 이러한 신학적 경향을 '응답할 수 있는 은총(responsible grace)'이라고 하였다. 이후정, 「존 웨슬리의 생애와 사상」, 한국웨슬리신학회 편, 『웨슬리와 감리교신학』. 감신대 출판부, 1999, 15쪽.
38) 정경옥, 『기독교신학개론』, 502~503쪽.
39) 송홍국, 『웨슬레 신학』, 대한기독교서회, 1975, 45쪽; 김홍기, 『존 웨슬리 신학의 재발견』, 대한기독교서회, 1993, 86쪽.

정경옥의 『기독교신학개론』은 구원론 중심의 신학을 전개하면서 기독론을 향하여 나아가는 구조로 되어 있다. 그는 기독교인의 생활을 하나의 장(章)으로 구성하여 성화의 삶을 강조하였다.

웨슬리의 신학은 창조적 종합 또는 통합의 신학이라고 볼 수 있다. 첫째, 교회사의 다양한 전통이 웨슬리 신학 안에서 창조적으로 종합되었다. 웨슬리는 다양한 기독교 전통의 장점을 창조적으로 종합했으며, 영국 국교회의 신학 원칙인 중도의 방법(via media)으로 잘 조화, 융합하여 중용의 신학을 형성했다. 웨슬리는 청교도주의, 영국 국교회주의, 루터파 경건주의, 로마 가톨릭주의, 동방 정교회의 좋은 전통을 가져와서 새롭게 발전시켰다. 특히 동방 정교회와의 연관은 웨슬리 신학의 독특성을 이해하는 데 중요하다.

정경옥의 신학도 웨슬리와 같이 창조적 종합 또는 통합의 신학이라고 볼 수 있다. 또한 라틴 서방 교부보다는 그리스 동방 교부들에게 더 우호적인 입장을 가지고 있음을 그의 글에서 볼 수 있다.

클레멘스나 오리게네스와 아타나시우스가 제창한 기독교 사상은 이교사상을 정복하고 이성적 보편 원칙을 찾아 우주적 종교의 기초를 형성한 것이다. (중략) 그리스

신학사상에 결함이 없다고 말하기 어려우나 그리스 신학이 쇠퇴한 원인은 이교의 사상에 굴복한 데 있는 것이 아니라 (중략) 신학사상에 지적 활동과 지적 자유가 없어진 데 있다고 할 것이다. 특별히 라틴 교회에서 지적 문화와 기독교 신앙 사이에 아무 관계가 없다고 주장한 것이나 이성은 감정이나 경신심(敬神心)보다 저열하다고 생각한 것이나 철학은 모든 악의 근원이라고 비난한 것은 우리로서 오늘날 유의할 만한 점이라고 하겠다.[40]

정경옥의 신학이 웨슬리의 신학을 철저히 수용하였음을 『기독교의 원리』를 통해서도 볼 수 있다.

(2) 프리드리히 슐라이어마허(Friedrich Schleiermacher)

'현대 신학의 아버지'라고 불리는 슐라이어마허의 영향을 정경옥에게서 볼 수 있다. 슐라이어마허에 의하면 신앙은 '절대 의존의 감정'이다. 슐라이어마허는 당시의 교양인들에게 종교를 계몽주의적으로, 철학적으로, 신학적으로 변증하지 않는다.[41] 살아 있는 종교는 '무한자의 놀라운 직관'이다. 종교의 본질은 '사유나 행위가 아니라 직관과 감정'이고, "세계 속

---

40) 정경옥, 「기독교 신학 사상의 추향」, 『신학세계』제18권 제2호, 1933, 16쪽; 정경옥, 『정경옥 교수의 글모음』, 234쪽.
41) 심광섭, 『신학으로 가는 길』, 한국신학연구소, 1996, 185쪽.

에서 일어나는 모든 사건들을 신의 행위로 생각하는 것이 종
교이며, 이것은 무한한 전체에 대한 이 모든 사건들의 관계를
표현한다.”42) 정경옥의 신학적 폭이 넓은 데는 위의 슐라이어
마허의 영향을 받은 이유도 있을 것이다. 정경옥은 이렇게 말
했다.

> 실로 프로테스탄트 신학의 특징은 우리의 신앙이 일체
> 의 교리와 외적 권위에서 해방되어 생명적인 경험과 경
> 건한 생활에 의거할 것을 강조하는 데 있다. 그러므로 프
> 로테스탄트 신학은 복음적인 것이다. 슐라이어마허의 사
> 상의 중심도 무디건조한 스콜라학파에 대항하여서 감정
> 의 종교를 회복하고 회심의 의식과 성령의 임재에 치중
> 하려 하였다.43)

슐라이어마허의 종교론의 영향이 정경옥의 종교 경험을 강
조하는 입장을 형성하게 하였다.

> 슐라이어마허의 신학은 한편으로 종교의 본질을 사유
> 나 행위에서보다도 ‘우주의 직감’에서 찾았고 또 한편으

---

42) 슐라이어마허, 최신한 옮김, 『종교론』, 한들출판사, 1997, 56쪽,
62쪽.
43) 정경옥, 『기독교신학개론』, 194~195쪽.

로 경험의 내용을 '감정의 독자적 결단'으로서의 역사적
신앙에서 구하였다.[44]

정경옥이 『기독교신학개론』 여러 곳에서 슐라이어마허를 언
급하면서 그의 신학을 전개하는 것을 볼 수 있다. 정경옥이
어떤 신학자를 무비판적으로 모두 수용한 것이 아님은 물론
이다. 슐라이어마허도 예외가 아니다. 슐라이어마허에 대한
그의 비판적인 언급을 보면 다음과 같다.

> 슐라이어마허 이후의 현대적 경험신학은 신앙을 심리
> 적 현상으로 서술하려고 시도하여 왔다. 물론 이러한 해
> 석은 신앙을 규정된 신조에 대한 독단적 승인이라고 해
> 석하거나, 혹은 신앙을 지적 과정의 일종으로서 종교의
> 철학적 내지 과학적 기초를 발견하려는 행위처럼 설파하
> 는 종래의 해석을 반대하는 것이다. 따라서 신앙을 종교
> 에 속한 독특한 경험현상으로서 신학의 독립적 과제로
> 규정한 것만은 의미 깊은 역사적 발전이었다. 그러나 신
> 앙이 감정이라든가, 의지라든가, 사유(思惟)라든가, 직관
> 이라든가, 그 외의 어떠한 심리적 기능이라고 해석하는
> 것은 신앙의 본질을 무시하거나 망각하는 견해이다. (중
> 략) 그러나 신앙은 이러한 심리학적 행위를 통하여서 표

---

44) 같은 책, 54쪽.

시되는 경험인 것이 사실이지만 그 경험의 본질은 결코
심리학적 기능만으로는 파악할 수 없는 초월적인 의미가
있다.45)

정경옥은 기독교 신학을 역사신학, 이론신학, 실천신학의
세 분야로 구분하였다. 슐라이어마허는 신학을 철학적 신학,
역사신학, 실천신학의 세 분야46)로 나누었다. 철학적 신학이
이론신학으로 대체되고 순서가 바뀐 것을 빼면 동일하다. 정
경옥은 신학 구조와 방법에서도 슐라이어마허로부터 많은 영
향을 받았다.

(3) 알브레히트 리츨(Albrecht Ritschl)

윤성범은 정경옥이 칸트를 좋아했고, 신학교에서 칸트의
사상을 연구하는 과목이 여럿 있었다고 한다. 그래서 정경옥
이 독일 신칸트학파의 신학자 알브레히트 리츨의 도덕신학의
영향을 받은 것은 우연이 아니라고 하였다.47) 리츨은 지성적

---

45) 같은 책, 367~368쪽.
46) 곤잘레스(J. L. Gonzales)는 조직신학(테르툴리아누스), 철학적 신
학(오리게네스), 목회신학(이레나이우스)으로, 트레이시는 기초
(Fundamental) 신학, 조직신학, 실천신학으로 나누었다. 곤잘레스,
이후정 옮김, 『기독교사상사』, 컨콜디아사, 1991; David Tracy,
The Analogical Imagination, Crossroad Publishing Co., 1991, pp.
62~78 참조.

사변의 형이상학은 종교의 초점이 아니고 도덕적 가치가 종교의 초점이라고 본다.[48] 그래서 예수는 도덕적 인격이며 인간이 헌신할 수 있는 최고의 이상이다.

정경옥이 이해한바 '인격성의 극치'를 성취한 예수는 리츨의 신학에서 강조하는 도덕적 인격이며 인간이 본받아야 할 이상인 것이다.

> 예수의 이상은 곧 예수의 생활이었다. 예수는 생의 법조를 이론화하는 설교자가 아니었다. 멀리 뻗쳐 있는 길을 손가락질하며 생의 종국에 이르려면 저곳으로 가는 것이 좋다고 방관적으로 진리의 길을 지시하는 도학자도 아니었다. 예수는 그 자신이 이상을 따라서 살았다. 그러므로 그는 "내가 곧 길이요 진리요 생명이라."고 말할 수가 있었다.[49]

---

47) 윤성범, 「정경옥, 그 인물과 신학적 유산」, 351쪽.

48) 이장식 외 4인, 『기독교 사상사 III』, 대한기독교서회 2002, 28쪽. 이러한 점은 칸트 사상의 영향이다. 형이상학이나 이론적 사변이 하나님에 대한 지식의 원천이 된다는 것을 거부한 것, 즉 신 인식의 한계를 인정한 것과 종교적 사상은 본질적으로 실천적이며 도덕적이라는 신념에 기초하여 기독고의 의미를 해석한 것이다. 존 딜렌버거 · 클라우드 웰취, 주재용 · 연규홍 옮김, 『프로테스탄트 교회의 역사와 신학』, 한신대학교 출판부, 2004, 262~263쪽.

49) 정경옥, 『기독교신학개론』, 448쪽.

정경옥이 리츨의 영향을 많이 받았음은 「나의 신조」를 통해서 볼 수 있다.

> 45. 나는 사람의 최고 이상이 나사렛 예수 그리스도의 인격에서 실현되었다는 것을 믿는다. 그리스도의 크신 인격은 인간경험에서 성취하여 얻은 최고 궁극인 것을 믿는다.
> 49. 그리스도인의 생활은 도덕적이며 영적 생활에서 하나님의 도우시는 힘을 체험하며 우리의 경제생활이나 사회생활이나 정치생활에 하나님의 뜻을 실현하려고 노력하는 데 있다는 것을 믿는다.[50]

리츨에게 기독교의 궁극적 목표는 하나님 나라의 실현이다. 그는 역사적 예수를 강조하면서 하나님 나라 사상이 신약성서의 중심임을 재발견하여 사회복음주의에 강력한 자극을 주었다.[51] 정경옥이 리츨의 하나님 나라 사상에서 영향받았음을 '교리적 선언'의 '천국' 항목을 통해서 알 수 있다.

정경옥은 슐라이어마허의 경우와 같이 리츨 사상의 영향을 받지만 리츨의 사상을 그대로 다 수용하는 것은 아니다. 리츨

---

50) 같은 책, 504~505쪽.
51) 존 딜렌버거·클라우드 웰취, 『프로테스탄트 교회의 역사와 신학』, 263쪽.

은 예수 그리스도의 구속의 은혜를 부인한다. 단지 도덕적 차원에서만 신앙을 해석하려고 한다. 또한 하나님의 내재성만을 말하지 초월성을 말하지 않는다. 마지막으로 리츨은 체험적 신학, 즉 경건주의나 신비주의를 비판한다. 그러나 정경옥은 「기독교 신학 사상의 추향」이라는 논문에서 리츨을 다음과 같이 비판하였다.

> 리츨은 「의와 화해에 관한 기독교 교리」라는 긴 논문에서 (중략) 그리스 신학자들이 아우구스티누스의 원죄설을 반대한 것과 같이 안셀무스의 학설도 의연 반대하였으리라는 것을 깨닫지 못하였다. (중략) 예수의 육체관과 속죄가 서로 다른 것이 아니라 육체관 자체가 곧 사람과 하나님을 화해하게 하며 잃었던 상태에서 인류를 실제로 구원하신 것을 가르쳐준 데 있다고 하겠다. 그러나 리츨은 이 결론을 내리지 못하고 말았다.[52]

정경옥은 감리교 신학자로서 성화를 강조하는 기독교인의 생활을 강조하고 도덕적 차원을 중요하게 본다. 그러나 그가 구속의 은혜를 적극적으로 말하고 있음을 볼 수 있다.

---

52) 정경옥, 「기독교 신학 사상의 추향」, 『신학세계』제18권 제2호, 1933, 13~14쪽; 정경옥, 『정경옥 교수의 글모음』, 232~233쪽.

우리가 예수를 믿는다는 말은 예수의 사상이나 인격을
따른다는 것뿐 아니라 예수의 공로로 죄에서 구속함을
받아 새 생명을 얻는다는 뜻이다. 우리에게는 예수의 사
상도 있고 예수의 인격도 고조되나 구속(救贖)이 없는 때
가 있다. 구속이 없는 기독교는 결국 문학이요 철학이요
도덕은 될 수 있을지언정 참된 의미에서의 기독교는 아
니다.[53]

(4) 해리스 프랭클린 롤(Harris Franklin Rall)[54]

박대인은 정경옥의 스승인 롤의 신학사상과 정경옥의 신학
사상이 밀접하게 관련되어 있음을 말하면서 정경옥이 지나치
게 롤의 사상에 의존한 것을 문제 삼을 수 있다고 하였다.

정경옥 목사의 신학사상은 하나의 과도기적인 형태라
고 볼 수 있다. 그의 스승 롤 교수는 물론 종합주의적인
경향이 있었지만, 그에게도 롤 교수의 입장이 뚜렷이 엿

---

53) 정경옥, 『기독교의 원리 외 3종』, 293~294쪽.
54) 롤(1870~1964)은 목사의 아들로 태어나 아이오와 주립대학을 졸
    업하고 예일 대학 신학부를 거쳐 독일에서 공부하였다. 아일리프
    신학교(Iliff School of Theology) 학장을 거쳐 1920년부터 개릿 신
    학교에서 교수하면서 학장을 역임하였다. 박대인, 「정경옥 교수의
    신학사상에 나타난 미국신학의 배경」, 『신학과 세계』통권 제6호,
    1980, 177~178쪽. 롤의 신학에 대한 짧은 서술로 Thomas A.
    Langford, *Practical Divinity: Theology in the Wesleyan Tradition*,
    Abingdon Press, 1983, pp.181~185 참조.

보인다. 정 목사는 롤 교수의 사상을 거의 모방하면서 좀
더 막연하게 문제를 취급하며, 또 다른 계통의 신학을 관
련시키려고 했다.[55]

박대인에 의하면, 롤은 첫째, 복음주의적 열정을 지닌 사람
이었다. 그는 대중과 평민에 대한 관심을 가지고 글을 쓰고
강의하였다. 미국 중부의 순수하고 활력 있는 감리교적 경건
을 지닌 인물이었다. 둘째, 변증적(apologetic) 신학자였다. 신
학 저술을 통해 설득하고 설교하려 했을 뿐만 아니라 최근의
사상동향과 관련지으려고 하였다. 셋째, 그의 사상의 핵심은
'경험주의적 신학'으로 종합적이다. 아주 자유롭게 여러 계통
의 사상을 취사선택하면서 자기 나름의 종합을 구성하였다.
넷째, 독립정신이 강한 사람으로서 사회문제에 대해서 예민하
고 정확한 판단을 하였다. 그는 고정적이 아니라 항상 유기적
인 발전 과정을 보여 주었다고 한다.[56]

이 책을 내어 놓도록 끊임없는 지도와 격려를 주신 롤
박사의 사랑을 잊을 수가 없다. 그 교수님의 글이면 무엇
이나 서슴없이 내 것과 같이 인용하였다.[57]

---

55) 박대인, 「정경옥 교수의 신학사상에 나타난 미국신학의 배경」,
    202~203쪽.
56) 같은 책, 178쪽.

정경옥은 『기독교신학개론』 서문에서 롤의 글이면 자기 것처럼 인용하였고, 롤의 사상을 비교적 여과 없이 사용하였다고 하였다. 정경옥의 「나의 신조」에 나타난 경험주의적 자세는 다음과 같다.

> 1. 기독교는 그리스도를 따르는 사람의 특수한 종교신앙의 역사적 표현이며 진보 발달하는 생활 자체이며 개인과 사회생활의 동적 표준이 되기 때문에 A) 과거의 경험 사실을 조직적으로 고찰하며, B) 그 경험 사실의 진리성을 이론적으로 사유할 필요가 있다고 믿는다.

> 3. 기독교 신학의 범위는 A) 기독교인의 경험과 생 그것만큼 넓어야 할 것이며, B) 그 방법은 기독교의 본질 그것에 의하여서 결정될 것이며, C) 그 목적은 기독교인으로 하여금 건전하고 합리적인 생을 완성하게 하려는 데 있어야 할 것을 믿는다.[58]

정경옥의 신학도 롤의 신학처럼 '경험주의적 신학'으로 종합적이다. 그러나 정경옥은 신학의 구조, 배열 등은 물론이고, 신앙 내용에서도 롤의 사상을 주체화하였으며, 바르트 신학을

---

57) 정경옥, 『기독교신학개론』, 36쪽.
58) 같은 책, 497쪽.

높게 평가한다는 점에서 롤과 차이를 보인다.[59]

(5) 칼 바르트(Karl Barth)

정경옥이 미국에서 수학하면서 칼 바르트를 접하지는 않았다.[60] 왜냐하면 그 당시의 미국 신학계는 바르트 신학을 잘 알지 못하였으며, 그의 스승 롤이 바르트를 반대했기 때문이다.[61]

정경옥은 1932년 『신학세계』에 「위기신학의 요령」이란 논문에서 한국인으로는 처음으로 바르트 신학을 체계적으로 소개하였다.[62] 그는 이 글에서 바르트 학파를 소개하고 브루너와 불트만을 바르트를 따르는 이로 소개한다. 바르트 사상의 배경에 대해 정경옥은 바르트가 철학적으로 칸트, 그리고 헤겔의 변증법을 신학에 수정하여 응용한 것을 재기있게 보았다. 그는 사회적으로 당시 정치·경제 윤리가 위기일발의 치

---

59) 심광섭, 「정경옥의 복음주의적 성(生/삶)의 신학」, 『정경옥 교수 추모기도회 및 강연회 자료집』, 감신대 역사자료관, 2004, 34쪽.
60) 변선환은 일본 신학계를 통하여서라고 본다. 변선환 아키브 편, 『요한 웨슬리 신학과 선교』, 131쪽. 「위기신학 사상의 연구」에 나와 있는 참고서는 모두 일본어 책임을 통해서도 추측할 수 있다. 『신학세계』 제21권 제3호, 1936. 34쪽.
61) 박대인, 「정경옥 교수의 신학사상에 나타난 미국신학의 배경」, 198쪽.
62) 정경옥, 「위기신학의 요령」, 『신학세계』 제17권 제5호, 1932, 14~24쪽.

명적 세기로부터, 교회적으로 암흑기에 생겨났음을 설명하였다. 바르트의 신학을 신관, 인생관, 기독론, 성경론, 신앙론으로 나누어 설명하고, 결론으로 "나는 바르트에게서 배운 것이 많다."고 하였다. 그러면서 한편으로 "바르트의 종교적 정신에는 공명할지언정 그의 신학적 이론에만은 따라갈 수 없는 점이 적지 않다."[63]고 하였다. 『기독교신학개론』 서문에서 "이 책을 읽어 본 사람은 내가 얼마나 바르트 신학의 근본정신에 찬동하는지를 쉽게 발견할 것이다. (중략) 내가 만일 하나님의 절대계시와 인간의 유한성을 강조한 것이 있다면 이는 "모든 것이 다 하나님이요, 사람은 아무것도 아니다."라는 입장에서가 아니요 우리의 실제 종교생활에 있어서 우리의 신앙이 하나님의 은총에 대한 감격과 신뢰와 복종의 경건한 기독교 의식을 표현하려 함이다. 나는 계시가 역사인 것을 믿는다. 그리고 역사는 그것이 하나님의 창조와 섭리 아래 있는 이상 계시인 것을 믿는다."[64]라고 하며 자기가 바르트 신학의 입장에 서 있음을 말하였다.

정경옥은 4년 후인 1936년 『신학세계』에 「위기신학 사상의 연구」란 논문에서 바르트 신학을 상세히 해설하였다.[65] 정

---

63) 정경옥, 『정경옥 교수의 글모음』, 211쪽.
64) 정경옥, 『기독교신학개론』, 36쪽.
65) 정경옥, 「위기신학 사상의 연구」, 『신학세계』 제21권 제3호, 1936,

경옥이 자유주의를 비판하는 것을 볼 때 그가 바르트를 신학적으로 수용했음을 확인할 수 있다. 정경옥이 바르트를 얼마나 좋아하는지 보여 주는 그의 일기가 있다.

> 어느 날 우리 친우 몇 사람은 원산을 떠나 경성으로 오는 차를 탔다. (중략) 우리는 차 안에서 바르트의 설교집을 끄집어 내놓고 그의 신학사상을 이야기하는 동안 어디를 지나오는지도 모르게 기차는 벌써 목적지에 다다른 것을 발견하였다.[66]

바르트가 화해론을 중심으로 신학을 전개한 것처럼 정경옥은 기독론을 핵심으로 파악하고 그의 신학적 체계를 형성했다. 하나님의 사랑과 구원의 역사에 초점을 맞춘 입장에서 화해론을 중심에 두어 전개한 바르트의 신학적 작업은 정경옥이 『기독교신학개론』을 구성하는 데 큰 영향을 끼쳤다. 정경옥은 기독교를 변증할 때 하나님의 구원사역에 초점을 두어 예수 그리스도의 이상과 삶을 제시한다. 그리고 예수 그리스도를 통한 하나님과 인간의 화해의 역사가 기독교의 근본진

34~42쪽; 정경옥, 『정경옥 교수의 글모음』, 344~352쪽.

[66] 정경옥, 「묵상의 일기(6월 3일: 바쁜 마음)」, 『신학세계』 제19권 제3호, 1934, 97~98쪽; 정경옥, 『정경옥 교수의 글모음』, 501~502쪽.

리라고 생각하였다.

바르트 신학의 영향이 웨슬리 신학과 함께 정경옥이 자유주의 신학의 약점을 극복하게 한 요인이었다.

(6) 이세종

정경옥은 1937년 봄, 감리교신학교 교수직을 내놓고 고향 진도로 내려가 흙을 밟으며 자기를 찾기 위해 노력하였다. 그는 진도로 내려온 지 얼마 안 되어 화순에 있던 이세종[67]을 찾아가 만났으며, 그때 만난 이야기를 『새사람』(1937년 7월호)에 「숨은 성자를 찾아서」란 제목으로 발표하였다. 천태산 골짜기에 은둔해서 수도생활을 하던 이세종을 처음 세상에 알렸고 그에게 처음으로 '성자' 칭호를 붙여준 이가 바로 정경옥이다. 이덕주는 프란치스코회나 베네딕투스회, 예수회 같은

---

67) 이세종(1880~1942)은 전남 화순군 도암면 등광리에서 태어났다. 그는 죽을 날만 기다리던 중 전도지 한 장을 보고, 성서를 사 오게 하여 독학으로 글을 배우고 성서를 읽었다. 득도한 후 이공(李空)이라고 하였으며, 절대 청빈, 절대 순종, 절대 순결을 삶으로 실천하였다. 이현필, 이상복, 박복만, 오복희, 정한나, 이철선 등의 제자들과 그의 가르침을 실천한 최흥종 목사, 강순명 목사 등이 있다. 더 자세한 것은 엄두섭, 『호세아를 닮은 성자: 도암의 성자 이세종 일대기』, 은성출판사, 1993; 엄두섭, 『한국적 영성』, 은성출판사, 2006; 이덕주, 「한국 기독교 문화 유적을 찾아서」, 『기독교사상』 1999년 7월호; 양홍석, 「한국 교회사 속의 수도(修道)와 영성 운동 연구: 호남지방을 중심으로」(감신대 신학대학원 석사학위 논문), 2000을 참조.

서양의 수도원 운동에 대해 배운 것도 없고 소개받은 것도 없이, 또 선교사나 한국인 목사에게 체계적인 신학 교육을 받은 것도 없이 홀로 한국의 전통적 종교 수행 방법을 통해 오로지 성경 말씀을 읽고 묵상하는 중에 '도를 깨우친 후' 절대 청빈, 절대 순종, 절대 순결[68]을 삶으로 실천했던 이세종을 한국 교회 '토착 영성운동'의 창시자라 할 수 있다고 본다.[69]

정경옥은 이세종을 만나 새롭게 신앙을 성찰하고 철저히 성서의 말씀을 따라 실천하는 성자의 모습을 보았다. 정경옥은 이세종을 통해 많은 도전과 자극을 받았으며, 그를 동양에서 만난 예수처럼 느꼈다.

> 그는 학자가 아니다. 성경의 전문적 지식을 가진 사람이 많을 것이다. 그는 신학자도 아니다. 신학적 이론으로 공의 박식을 비웃을 사람이 있을 것이다. 그는 설교가도 아니요 정책가도 아니다. 그러나 우리는 그가 말을 잘 하는 사람이 아니요 정책을 쓰는 이가 아니기 때문에 그를 경모(敬慕)하는 것이다. 성경을 학문으로 배우려고 하지 아니하고 신학을 이론으로 꾸미려고 하지 아니하기 때문에 그를 존경하는 것이다.

---

68) 이세종이나 유영모의 경우는 결혼을 하고 나서 이혼을 하고, 순결한 삶을 산 경우이다.
69) 이덕주, 「정경옥의 조선 성자 방문기」, 178쪽.

그가 받은 영감을 누가 부인하랴. 그의 엄숙한 신앙을
누가 거역하랴. 공의 얼굴은 창백하나 눈에는 밝은 빛이
비치고 그의 외양은 초췌하나 영은 산 기운이 있다.[70]

정경옥은 서울 생활을 하면서 일과 사람에게 시달리고, 터
무니없는 모함과 비난을 받으며 마음도 많이 상했다. 고향에
내려와 흙과 친하게 지내면서 마음을 어느 정도 다스린 후,
조선의 성자 이세종을 만나면서 자신이 당한 시련과 아픔, 고
독과 눈물이 오히려 참 신앙의 길인 것을 깨닫게 되었다. 그
는 진도로 돌아와 원서 대신 이세종 식으로 성경을 읽었다.
그리고 예수를 재발견하게 되었다. 그렇게 해서 나온 것이 예
수전인 『그는 이렇게 살았다』였다. 정경옥이 성경에서 발견한
예수도 한없이 외로운 '고독의 성자'였다.[71]

"베드로야 너희들은 자는구나. 한시 동안을 일어나 깨
어 있지를 못하는가?" 이렇게 말씀하시는 예수는 참으로
견딜 수 없이 외로우셨다. (중략) 그렇다. 신앙의 사람이
되려면 세상에서 친구가 없다. 믿음의 생활을 하는 사람
은 고독의 사람이요 눈물의 사람이다. 선견을 가진 사람
은 군중의 환영을 받지 못한다. 세상은 사랑을 받으려고

---

70) 정경옥, 『정경옥 교수의 글모음』, 505쪽.
71) 이덕주, 「정경옥의 조선 성자 방문기」, 191쪽.

는 하나 사랑하려고는 하지 않는다. 그들은 자기가 원하던 것을 손에 쥐기만 하면 말없이 떠나간다. 그러므로 사랑하는 사람은 될지언정 사랑을 받으려는 사람은 되지 말라. 세상 사람의 친구가 되기는 할지언정 세상이 너를 친구 삼으리라고 기대하지는 말라. 성도의 운명은 고독과 눈물이었나니 우리도 그 고독 눈물을 맛보아야 한다.[72]

예수 이야기이자, 이세종 이야기였고, 정경옥 자신의 이야기였다. 영적 위기감 속에 진도에 내려온 후, 흙을 만지며, 이세종을 만나고 성경을 읽으며 기도하는 중 영성을 회복한 새로운 자신의 모습이었다. 이세종의 고독과 눈물에서 예수의 거룩함을 발견하였고, 그 자신이 고독과 눈물의 은혜를 사모하게 되었다. 정경옥은 이렇게 토착적 영성을 이세종에게서 발견하였고, 자신의 신학적 과제인 향토화를 『그는 이렇게 살았다』에서 실현하였다.

---

72) 정경옥, 『기독교의 원리 외 3종』, 374~375쪽.

2. 정경옥의 영성

1) 그리스도 중심적 영성 : 구원 중심적 영성

영성(spirituality)은 정의하기가 쉽지 않은 모호한 개념이다.[73] 세일러스(Don E. Saliers)는 영성은 '영혼의 가장 깊은 곳에 있는, 그리고 이 세상에서의 구체적인 사회적 관계성 속에 있는 자기의 전 실존을 개입하여, 하나님과의 관계를 힘써 계발하는 영적 생활'이라고 하였고,[74] 홀트는 '각 사람 안에 살아 계신 그리스도의 영'을 추구하는 것이 영성이라고 하였다.[75] 맥그래스는 영성을 '진정으로 의미 있는 그리스도인의

---

73) '영성'은 기독교 개념 중 비교적 근대적인 용어로서 17세기에 출현했고, 개신교에서 대중적으로 사용하기 시작한 것은 최근의 일이다. 이 용어는 가톨릭의 전통적인 금욕적이고 신비적인 신학 분야의 주제들과 보다 초기의 개신교 경건 개념들을 포괄하기 때문에, 오늘날에 와서는 다중적 영성을 말하기에 이르렀다. D. 세일러스, 「영성」, 『세계의 신학』 1997년 겨울호, 262쪽.

74) 같은 책, 264쪽.

존재에 대한 탐구이며, 기독교의 근본적 경험들을 함께 묶어
주어 삶과 연관시키는 것으로, 기독교 신앙의 범위와 규범 안
에서 살아가는 삶의 총체적 경험'이라고 하였다.[76] 류기종은
영성을 '예수 그리스도의 삶을 오늘날 우리의 삶 속에서 재현
해 내는 '제자의 길'이고, '따름'이며, 토마스 아 켐피스의 말
과 같이 예수 그리스도의 삶의 '닮아감(imitation)''이라고 하였
다.[77] 위와 같이 영성에 대한 정의는 다양하지만 핵심은 하나
님 경험에 기초한 그리스도를 따르는 삶이다.

정경옥의 영성은 그리스도 중심적 영성이었으며, 『그는 이
렇게 살았다』에 잘 나타나 있다. 그의 신학도 기독론이 중심
이었다. 『그는 이렇게 살았다』의 서문에 이러한 글이 있다.

> 지금 나는 예수의 일생을 몹시도 동경하며 사모하고
> 있다. 그는 이렇게 살았다. 그의 발자취를 나도 따르리.[78]

정경옥은 현대의 절박한 위기 상황에서 예수를 깨워야 한

---

75) 브래들리 홀트, 엄성옥 옮김, 『기독교 영성사』, 은성출판사, 1996,
22쪽.
76) 앨리스터 맥그래스, 김덕천 옮김, 『기독교 영성 베이직』, 대한기독
교서회, 2006, 15쪽.
77) 류기종, 『기독교 영성』, 은성출판사, 1997, 13쪽.
78) 정경옥, 『기독교의 원리 외 3종』, 279쪽.

다고 한다. 교회와 그리스도인은 예수를 모시기는 하였으나 예수를 깨워 보려고 하지 않는다. 즉, 예수를 믿기는 하는데 예수의 삶을 살지는 않는다는 것이다. 다음은 생명력을 잃어 버린 당시 교회와 향락을 추구하는 현대인에 대한 정경옥의 비판이다.

> 종교가 제도화하고 정치화할 때에 종교로서의 참된 생명을 잃게 된다. (중략) 형식화하고 직업화한 기성종교의 추태를 슬퍼한다. 하필 직업화하여서는 안 될 종교를 직업화하고 정당화하여서는 안 될 성도를 정당화하려는 심사가 무엇일까.[79]

> 오늘날 향락기관이 날마다 늘어가는 것으로나 유흥에 소비되는 엄청난 금전과 시간의 통계가 웅변적으로 증명하고 있다. 이 세대는 중심을 잃었다. 생의 외부적 조건을 추적하여 가지고 중심을 잃은 나를 단장하려고 한다.[80]

『그는 이렇게 살았다』의 목차는 제1장 현대와 그리스도,

---

79) 정경옥, 「종교와 정당론」, 『신학세계』 제20권 제4호, 1935, 1쪽; 정경옥, 『정경옥 교수의 글모음』, 526쪽.
80) 정경옥, 「향락문명의 해부」, 『신학세계』 제20권 제4호, 1935, 5쪽; 정경옥, 『정경옥 교수의 글모음』, 530쪽.

제2장 구유의 그리스도, 제3장 강변의 그리스도, 제4장 광야의 그리스도, 제5장 산상의 그리스도, 제6장 노방의 그리스도, 제7장 정원의 그리스도, 제8장 십자가의 그리스도로 되어 있다. 서론 격인 제1장을 빼고 보면 구유, 강변, 광야의 그리스도가 산상의 그리스도에서 절정을 이루고 노방, 정원, 십자가의 그리스도로 이어지고 있음을 볼 수 있다. 현대와 그리스도라는 것을 통해 알 수 있듯이 그의 관심은 그리스도의 현대적 적용이며, 역사적 예수보다는 신앙의 그리스도에 더욱 관심을 갖는다. 생활 전체와 교회의 조직과 활동에서 그리스도의 생명이 넘쳐나야 한다는 것이다.[81]

기독교는 현대로 하여금 다시 중심을 찾게 하지 않으면 안 된다. 기독교는 먼저 현대인으로 하여금 중심에서 살게 하기 위하여 모든 공작에 힘을 다하여야 할 것이다.[82]

나는 이 시대보다도 예수가 더 요구되는 때가 없었다고 생각한다. 우리는 다시 예수께로 돌아가자. 그를 믿고 그와 생명적 관계를 맺어 보자.[83]

---

81) 정경옥, 『기독교의 원리 외 3종』, 286쪽.
82) 정경옥, 「향락문명의 해부」, 5쪽; 정경옥, 『정경옥 교수의 글모음』, 530쪽.

정경옥은 예수의 사상과 인격, 그리고 구속의 은총을 삶 속
에서 살아가기를 원했다. 그래서 철저한 예수주의자로서 살고
자 했다.

> 먼저 우리는 예수의 사상을 우리의 생활에 살려야 하
> 겠다. 예수를 믿는다는 말은 예수께서 가지셨던 사상으로
> 우리의 사상과 주장을 삼는다는 말이다. 다시 말하자면
> 예수주의자가 된다는 말이다. 칸트의 철학설을 따르면 칸
> 트주의자요, 마르크스의 경제학설을 따르면 마르크스주
> 의자요, 듀이의 교육학설을 따르면 듀이주의자이다. 이와
> 같이 예수의 사상을 그대로 갖는 것을 예수주의라 할 것
> 이다. 기독교는 간단히 말하여서 예수주의이다. 예수주의
> 는 누구나 다 깨달을 수 있으리만치 평이하면서도 진리
> 의 가장 오묘한 것을 함축하였고, 가장 연약한 것 같으나
> 심령을 움직이고 역사를 뒤집어 엎는 위력이 있다.[84]

정경옥은 구속이 없는 기독교는 참된 의미의 기독교가 아
니라고 한다. 이러한 구속에 대한 강조는 그의 여러 글에 자
주 언급된다.

---

83) 정경옥, 『기독교의 원리 외 3종』, 287쪽.
84) 같은 곳.

구속이 없는 기독교는 결국 문학이요 철학이요 드덕은
될 수 있을지언정 참된 의미에서의 기독교는 아니다. 그
리스도의 복음은 한 종교적 영웅을 신화(神化)하는 것이
아니요 위로부터 오는 하나님의 말씀이 인격화하였다는
사실에 근거한다. 그러므로 기독교의 신앙은 오늘날 우리
가 흔히 말하는 인격양성이나 사회개량과 같은 것이 아
니요 죄인으로서의 인간이 위기에 절박한 것을 통절하게
의식하고 위로부터 내려주시는 하나님의 사랑에 감격하
는 생활인 것이다. 사람은 자기가 하나님 앞에 죄인이 아
닐 때에 벌써 생명적인 신앙은 끊어진다. 현대 자유주의
개신교가 가장 합리적인 기독교의 이론과 형식을 우리에
게 제공하였다면 적어도 그리스도의 복음의 진수인 구속
의 원리와 사실을 무시하여서는 안 될 것이다.85)

정경옥은 그리스도의 겸비와 구유의 모습 속에서 포기의
영성을 구한다. "사람이 이 세상에서 사람다운 생활을 하기
위하여 먼저 자기중심의 생활을 떠나야 한다는 것이다."86) 자
기를 포기해야 한다. 모든 것을 포기하기는 쉽다. 그리고 소
유물이나 가족을 포기할 수도 있으나 자기를 포기하기는 어
렵다는 것이다. 그는 진도에서의 생활을 통하여 포기하는 삶

---

85) 같은 책, 294쪽.
86) 같은 책, 307쪽.

을 실천했다.

구유의 예수는 진리의 화신, 종의 형상을 입으신 하나님의 아들, 구원하시는 하나님의 은총과 사랑의 표시이다. 강변의 그리스도를 통하여 세례 받는 예수에게 임하신 비둘기 같은 성령은 순결을 상징한다. 하나님께 모든 것을 바치고 순종하는 사람에게는 순결이 있다.

> 내가 날마다 사는 생활, 내가 날마다 하는 일, 이것은 순결을 요구하는 성질의 것이다. 순결이 없을 때에 내가 하는 일은 모독과 허위일 것이다, 날이 갈수록 진리에 대한 열정이 식어지지는 않았는가? 기도를 하고 설교를 하는 것이 직업이 되지는 않았는가? (중략) 끝까지 순결을 지키자. 어린이와 같은 단순한 믿음을 가지자. 비둘기같이 오점이 없는 심성의 소유자가 되자. 신앙을 직업 삼아서는 안 된다. 먼저 모든 것을 하나님께 맡겨야 한다. 하나님의 것이 되어야 한다.[87]

정경옥은 인생의 앞길에 광야가 있는 것이 문제가 아니라 광야를 극복하는 것이 문제라고 하고, 시험이 클수록 기회도 크며, 큰 시험을 이기는 사람이 큰일을 할 수 있다고 한다. 예수는 사상의 광야가 있을 때 이성의 판단과 인류의 경험으로

---

87) 같은 책, 324쪽.

해결했다. 인간에게 사상의 광야보다 더 큰 도덕의 광야가 있다. 첫째, 먹는 문제이다. 빵으로만이 아니라, 말씀으로 살아야 하고, 하나님의 나라와 그의 의를 구하면 모든 것을 주실 것이라는 단순한 신앙을 가지고 살아야 한다.[88] 둘째는 외화(外華)이다.

> 겉에서 살지 말고 속사람이 살자. 소유와 지위와 학위와 외장을 다 벗어 버릴지라도 오히려 빛나는 사람이 되자. 겉을 꾸미는 것은 눈을 속일 수는 있으나 마음을 속이지는 못한다.[89]

마지막으로 인간이 당하는 시험은 권력욕이다. 예수께서 마지막으로 받으신 시험은 권력을 택하는 문제가 아니라 권력을 정당한 방법으로 얻는 것의 문제였다. 다음은 간사한 계책이나 정당하지 않은 수단을 이용하여 목적을 성취하려는 잘못된 신앙과 삶의 자세에 대한 정경옥의 쓴소리다.

> 신앙의 매춘부가 되지 말자. 마귀에게 절하면 천하만국을 준다는 시험이 가끔 온다. 희생을 요구하는 시험이다. 순교자를 부르는 시험이다. 우리는 이 시험을 이기기

---

88) 같은 책, 332쪽.
89) 같은 책, 335쪽.

전에 참된 신앙생활을 할 수 없다. 지조 있는 믿음을 가
지라.[90]

예수가 산에 오르기를 즐겨 하셨듯이 마음이 침잠해 가거
나 고뇌하는 일이 생기거나 불타는 정욕이 엄습하거나 실망
에 울거든 산에 오르라고 한다. 그러면 산이 새 세계를 보여
줄 것이다. 산에서 선견을 얻고 사람들에게 비전을 줄 수 있
는 종교를 현대인이 요구한다는 것이다. 앞을 내다볼 뿐만 아
니라 대관해야 한다. 부분만을 보고 전체를 보지 못하면 안
된다. 그래서 복잡한 것을 단순화할 수 있어야 한다.

우리는 인생을 좁게 보기 때문에 값없는 일을 가지고
일생을 보낸다. 인생을 적게 보기 때문에 비열한 행동을
한다. 인생을 부분적으로 보기 때문에 다툼과 질투가 생
긴다. 인생을 대관하라. 넓고 큰 마음을 소유하자. 영원한
값이 있는 일을 찾아보자.[91]

예수께서 산에서 영감을 얻고 산이 피난처가 되었고 친구
가 되었던 것처럼 산에서 인생을 대관하고 멀리 보는 눈을 떠
서 종합하고 포괄하여 값진 인생을 살아야 한다.

---

90) 같은 책, 338쪽.
91) 같은 책, 350쪽.

산에서 내려오면 기다리는 많은 민중이 있다. 예수는 사람들이 모여 있는 거리에서 찾아야 한다. 예수는 무서운 '이상주의자'인 동시에 참된 '현실주의자'였다.[92] 노상의 예수는 사랑의 사람, 믿음의 사람, 능력의 사람이었다. 우리도 이러한 예수의 사랑, 믿음, 권위를 본받아야 한다.

정원의 예수는 번민, 곤고, 고독의 사람이었다. 인류를 위하여 자기를 잊고 일하는 예수에게 마지막으로 따라오는 거룩한 보상은 고통이었다. 예수를 온전히 따르려는 우리도 고통과 고독의 눈물을 맛보아야 한다.

예수의 일생은 처음부터 끝까지 십자가의 생활이었다. 십자가에는 하나님의 사유하시는 자비와 죄악을 근멸하는 능력이 있다. 먼저, 십자가의 희생의 가치를 우리는 본받아야 한다. 희생이 없이는 생명의 세계가 확충되지 않는다.

경제적인 생활에서 바른 방법으로 얻는 과정을 중요하게 생각해야 한다. 타협해서는 안 된다. 그래서 교회는 모험을 무릅써야 하고, 거대한 희생을 달게 받아야 한다. 순교의 정신까지도 생각할 각오를 하고 과정을 중요하게 여겨야 한다. 이것이 결과를 위하여 모든 수단과 방법을 가리지 않는 모습을 보이는 오늘의 한국 교회에 더욱더 절실하게 다가오는 십

---

92) 같은 책, 353쪽. 정경옥은 둘 중 하나를 선택하는 것이 아니라 둘을 동시에 강조하는 경향이 강하다.

자가의 정신이다.

십자가는 순결과 구속의 능력을 보여 준다. 예수의 십자가는 하나님의 지극하신 은총과 의의 주장을 나타내셨다. 기독교의 복음은 하나님의 은총에서 시작한다. 기독교의 복음은 이 은총에 대한 인간의 반역을 보인다. 십자가는 하나님의 은총과 사람의 죄악이 대립되어 있는 것을 드러낼 뿐 아니라 이 대립을 극복한다.

> 그리스도인의 생활은 이 은총에 대한 감격과 신앙에서 출발하여야 한다. 그러므로 그리스도의 십자가가 그의 사상과 인격과 사업의 완성인 동시에 그리스도인의 생활의 발단이 된다.[93]

지금까지 정경옥의 영성은 그리스도 중심의 영성이었음을 『그는 이렇게 살았다』를 중심으로 살펴보았다.

2) 요한적 사랑의 영성 : 창조 중심적 영성

정경옥의 사상은 성서에서 요한의 신학사상에 더 많은 강

---

93) 같은 책, 390쪽.

조점을 두고 있다. 유동식에 의하면 사랑을 강조한 요한 서신은 감리교 신앙운동과 사상의 기본 본문 역할을 하였다. 1903년 원산 부흥의 주역인 하디(Robert A. Hardie, 하리영)의 사경회 본문은 요한1서였고, 이용도와 정경옥의 기본 경전 역시 요한1서였다.[94] 변선환은 이용도와 이호빈의 종교는 베드로나 바울의 종교라기보다는 주님 예수 품에 모든 것을 맡기고 어린이처럼 평안하게 안겨 있는 요한형의 경건이었으며 요한의 종교였다고 말한다.[95] 요한1서 강해를 연재하고 곳곳에서 요한복음을 인용하는 정경옥의 경우도 요한의 종교였다.

켈트 영성[96]의 회복을 주장하는 스코틀랜드 신학자 필립 뉴엘은 요한과 베드로 전통의 배경이 되는 요한복음과 마태복음은 감각적 측면에서 서로 다른 관점을 말한다고 한다. 예수에게 기름을 부은 여인을 묘사하는 본문에서 요한복음은 향유의 향기와 여인이 예수에게 향유를 붓고 닦는 행위의 친

---

94) 유동식, 『한국신학의 광맥』, 다산글방, 2000, 174~175쪽.

95) 변선환, 「샤론의 꽃 예수」, 『끝날의 징조와 사는 길』, 강남대학교 출판부, 2000, 592쪽; 요한과 베드로 전통에 대한 것은 필립 뉴엘, 정미현 옮김, 『켈트 영성 이야기』, 대한기독교서회, 2001, 11~12쪽 참조.

96) 켈트 영성에 대한 것은 필립 뉴엘, 정미현 옮김, 『켈트 영성 이야기』, 대한기독교서회, 2001; 티모시 조이스, 채천석 옮김, 『켈트 기독교』, 기독교문서선교회, 2003; 매튜 폭스, 김순현 옮김, 『마이스터 에카르트는 이렇게 말했다』, 분도출판사, 2006, 58~64쪽 참조

밀성을 나타내는 반면에(요 12:3), 마태복음은 이러한 감각성
과 친밀성이 결여된 채 이 사건을 보도하고 있다(마 26:7). 창
조의 선함과 몸과 섹슈얼리티에 대한 감각성과 긍정성을 요
한복음에서 포착할 수 있다면, 마태복음에서는 죄성을 더 강
조하였다.[97] 정경옥이 알렉산드리아 교부들의 사상을 많이 취
하는 것과 그의 인간 이해를 볼 때, 그가 창조의 선함을 강조
함을 알 수 있다. 정경옥은 하나님이 내재적으로 만물 안에
존재하는 것을 다음과 같이 말한다.

> 신의 내재론은 자연의 가치를 깨닫게 하였다. 이 세계
> 는 신의 거룩한 뜻에 의하여 창조되었고, 신이 임재하여
> 있는 성소이다. 그러므로 자연은 속된 것이 아니다. 자연
> 현상을 연구하는 과학도 배격할 것이 아니다. 자연의 신
> 비는 얼마든지 탐구할 것이라고 생각하였고, 이로써 신의
> 섭리의 범위는 얼마든지 확대될 수 있다.[98]

정경옥은 요한1서 강해에서 요한에게는 생명의 도가 나타
났다는 사실보다 더 중요한 것이 우리 인류가 이 생명의 도와
밀접한 인격적 관계를 갖는 것이었다고 강조한다.[99] 주님의

---

97) 필립 뉴엘, 『켈트 영성 이야기』, 139~141쪽.
98) 정경옥, 『기독교신학개론』, 227쪽.
99) 정경옥, 「생명의 도」, 『신학세계』 제18권 제2호, 1933, 77쪽; 정경

사랑받는 요한처럼 친밀한 관계를 맺어야 한다. 스스로 진리를 체험하지 않고 진리를 말하거나 숭배하는 것은 무의미하다. 정경옥은 하나님께서 이상스러운 방법을 통해서 우리에게 나타나시지 않고, 우리의 평범한 생활, 인간의 거리에 나타나신다고 한다.

> 오늘날 평민의 단순한 생활에나 학자들의 숭고한 이상
> 에나 공장에 가로에 가정에 학교에 농원에 점두어 신의
> 계시가 있는 것을 우리가 친히 본다.[100]

하나님의 심장박동 소리가 삶의 다양한 모습 속에서 발견된다. 그리스도는 진리이시니 그의 생활은 사랑 자체이다. 사랑은 영원을 통하여 만날 수 있는 빛나는 햇빛이며 하나님과 사람이 서로 만날 수 있는 지성소이다. 우리의 일상생활에서 사랑이 자라고 사랑이 꽃피며 열매를 맺어야 한다.[101]

사랑을 의식하는 사람은 하나님의 얼굴을 보는 사람이요, 사랑을 체험하는 사람은 인간의 가장 고귀한 생을 맛보는 사람이니 사랑은 인간 생활의 일체이다. 그리스도의 생활은 처

옥, 『정경옥 교수의 글모음』, 17쪽.

100) 정경옥, 『정경옥 교수의 글모음』, 19쪽.

101) 정경옥, 「요한1서 강해(5회)」, 『신학세계』 제20권 제1호, 1935, 43쪽; 정경옥, 『정경옥 교수의 글모음』, 37쪽.

음부터 끝까지 사랑이었다. 정경옥은 모든 인류가 어떠한 방법으로든지 서로 사랑하여 하나가 되는 것이 천국의 이상이라고 본다. 사랑의 결과는 생명이고 증오의 결과는 사망이다. 우리가 가진 것만큼 도와 주어야 하고 아는 만큼 사랑해야 한다. 사랑의 생활을 하지 않으면 하나님의 사랑을 깨닫지 못한다. 사랑은 하나님과 사람을 결합하게 하고 성령은 이 사실을 확증한다.[102] 사도 요한은 사람을 사랑하는 근거는 하나님을 사랑하는 데 있고, 하나님을 사랑하는 근거는 그의 계명을 지키는 데 있다고 하며 사랑과 의의 관계를 설명한다. 정경옥에 의하면, 요한1서 3장 16절의 앞부분은 예수 그리스도 안에 나타난 하나님의 구속의 사실에 대한 말씀이요, 뒷부분은 예수 그리스도 안에서 사유함을 받은 우리들이 서로 사랑해야 한다는 의무에 대한 말씀이다. 전자는 기독교 신학의 중심이요, 후자는 기독교 윤리의 기초가 된다.[103] 정경옥의 신학은 언제나 구속의 하나님의 은총에 기초하여 전개된다. 기독교의 생활은 바로 구속의 사랑에 감격하여 고마움과 기쁨이 넘쳐나서 형제를 위하여 희생하는 사랑이다.

---

102) 정경옥, 「요한1서 강해(9회)」, 『신학세계』 제21권 제1호, 1936, 47쪽, 50쪽; 정경옥, 『정경옥 교수의 글모음』, 81쪽, 84쪽.
103) 정경옥, 「기독의 성애」, 『신학세계』 제24권 제6호, 1939, 19쪽; 정경옥, 『정경옥 교수의 글모음』, 372쪽.

기독교인의 생활은, 예수 안에 나타난 하나님의 사랑
을 이해하고, 의뢰하여, 그로 말미암아 구속함을 얻은 이
사랑이, 너무나 고마워서 자기의 몸이 자기의 몸이 아니
요, 예수의 사랑으로 사신 몸인 것을 깨닫고, 형제를 위
하여 감히 생명을 버리는 것이다.[104]

사랑의 대상을 발견해야 하는데, 예수의 방법은 그 사회에
서 가장 뒤떨어지고 천대를 당하고 비참한 생활을 하는 사람
을 찾는 것이다.[105] 예수의 사랑은 자발적으로 수난을 당하는
사랑이었다. 우리도 형제를 위하여 목숨을 바치는 일이 어렵
고 힘든 일이지만 의식적으로 행해야 한다. 이러한 사랑이야
말로, 구속의 종교를 구성하는 원칙이 될 뿐 아니라 인간적
생명의 원칙이 된다.

정경옥의 영성은 구속의 하나님의 사랑에 감격하여 형제를
위하여 생명을 버리는 요한적 사랑을 강조하는 영성이었다.
정경옥의 영성은 구속의 적색 은총과 창조의 녹색 은총이 조

---

104) 정경옥, 『정경옥 교수의 글모음』, 375쪽.
105) 정경옥은 예수의 나사렛 선언(눅 4:17~19)에 나타난 변두리(주
변부)의 신학, 즉 3L(Last, Lost, Least)의 신학을 지향한다. 「기독
의 성애」에는 고통받는 민중을 향한 정경옥의 절박한 마음이 잘
나타나 있으며, 민중신학의 단초를 많이 엿볼 수 있다. "주여 우
리에게 민중의 고통을 이해할 수 있는 마음을 주시옵소서." 같은
책, 376, 378쪽.

화롭게 통전하고 사랑과 정의를 통합하여 보여 주는 통합적
영성이었다.

3) 일상생활의 영성

정경옥의 영성은 평범한 삶의 일상적인 것에서 하나님을
발견하는 일상생활의 영성이었다.[106] 그리스도인의 참된 영성
은 평범한 생활의 현장에서 거룩해지는 것이다. 한국 기독교
의 최대 약점이 일상생활과 교회생활의 분리, 즉 평일과 주일
의 삶이 따로따로라는 점이다. 교인들이 삶으로 그리스도의
향기를 내는 '생활신앙'이 아니라 '신앙생활'을 한다. 앎과 삶
의 괴리가 크다. 우리의 삶 전체를 하나님을 위한 삶으로 만
들어야 한다(눅 11:33~36). 정경옥은 『기독교신학개론』에서
평범한 일상생활에 함께하시는 하나님에 대하여 강조하였다.

하나님은 일상생활의 평범한 사실에 현현하신다. 하나

---

106) 현대 한국 신학자 중에 일상생활의 영성을 강조한 이로는 채희
동과 조은하가 있다. 채희동, 「생활신학을 위하여」, 『세계의 신
학』 1998년 겨울호, 128~145쪽; 조은하, 「일상생활 영성에 관한
신학적 논의」, 『통전적 영성과 기독교교육』, 한들출판사, 2004,
101~128쪽 참조.

님은 반드시 이적이나 기적적인 일에서만 계신 것은 아
니다. 모든 일이 종교적으로 해석될 때에 이것이 기적이
요, 경이라고 보게 되었다.[107]

정경옥은 단순한 삶 가운데 하나님의 함께하심을 말한다.
홍해의 기적과 같은 초자연적인 특별한 방법으로 기적적인
일이 일어나기를 바라는 신앙이 아니라 소박하고 단순한 일
상생활의 평범성에서 참된 영성을 찾는다. 정경옥은 "신의 계
시는 홍해가 이적적으로 갈라지는 곳, 문지방이 신위(神威)에
흔들리는 곳에만 있는 것이 아니다. 우리의 가장 소박하고 단
순하고 평범한 생활 가운데도 신의 계시가 있도다."라고 말했
다.[108]

일상적인 것 가운데 임하시는 하나님의 임재를 일깨우는
것은 특별한 상황 속에서 하나님의 큰 역사만을 추구하는 사
람들에게 귀중한 교훈이다. 당시 신비주의적 영성을 추구하는
신령파 사람들에게는 일상생활보다는 산속의 기도원이나 특
별한 은혜 체험만을 중요시하는 약점이 있었다. 생활로 나타
나지 않는 기독교 신앙은 참된 신앙이 아니다. 기독교는 일상
생활의 힘이 되어야 한다. 또한 우리의 삶의 구석구석에서 하

---

107) 정경옥, 『기독교신학개론』, 227쪽.
108) 김천배, 「정경옥 교수의 편모」, 29쪽.

나님이 드러나지 않으면 종교는 이름뿐이며 사회에 이바지하는 것이 없다고 정경옥은 말한다.

> 기독교는 우리의 일상생활의 동력이 되며 구체적인 표준을 제공해야 한다. 생의 은사, 활동, 의무, 그리고 환락이 기독교 생활과 대립하는 것이 아니라 오히려 그 기회와 재료가 될 것이다. 우리는 하나님을 가정, 학교, 시장, 그리고 농장에서 찾아보지 못하면 현대인의 생활에 종교가 공헌할 것이 별로 많지 않을 것이며, 앞으로 기독교 교회가 명목만을 유지하며 계속되든지 그렇지 않으면 퇴폐하거나 별로 우리에게 영향력이 없을 것이다.[109]

그러나 이러한 일상생활의 영성을 잘 살아 내기 위해서는 광야와 같은 준비의 과정이 필요하다. 정경옥은 세례 요한의 경우를 들어 설명한다.

> 요한이 광야에서 외칠 때에 호기심에 끌리어 모여든 사람의 수효와 종류를 봐서 그때 사람들의 종교에 대한 기대가 얼마나 컸는지를 추측할 수가 있다. 요한은 절제와 금식을 주로 하는 수도사의 몸으로 인간이 번거롭게 밟고 다닌 거리를 떠나서 한적한 광야에 있으면서 "회개

---

109) 정경옥, 『기독교신학개론』, 165쪽.

하라 천국이 가까웠다"고 외칠 때에 여기에 반응하는 사
람들은 많았다. 그러나 요한 자신도 이것이 천국 건설의
본무대에 진출한 것이 아니라 큰일을 위한 준비행동이라
고 생각하였다.110)

세례 요한에게서 볼 수 있는 절제와 금식과 같은 영성생활
이 기초로 되어 있어야 참된 일상생활의 영성이 가능하다. 현
재 한국 목회자들에게는 절제와 금식과 같은 자기 수행이 부
족하다. 정경옥은 위대한 영성가들은 누구나 요단의 과정을
통과했음을 예시한다.

> 누구나 진정한 종교가에게는 생의 과정에 요단강이 있
> 었다. 사도 바울은 다메섹이 그의 요단강이었다. 존 웨슬
> 리는 올더스게이트의 한 작은 교회당이 그의 요단강이었
> 다. 아우구스티누스, 프란치스코 진첸도르프, 마르틴 루
> 터 다 그들의 일생에는 요단강이 있었던 것이다. 우리에
> 게도 이러한 요단강의 경험이 있어야 한다.111)

일상생활의 영성을 제대로 발휘하려면 이러한 요단강의 경
험, 주일 또는 교회에서의 은혜생활을 통하여 힘을 얻어야 한

---

110) 같은 책, 444쪽.
111) 정경옥, 『기독교의 원리 외 3종』, 314~315쪽.

다. 일상생활은 철저한 신앙의 기초 위에 있어야 중심이 잡히
고 바른 삶을 살아가는 것이 가능하다.

> 기독교인의 생활은 철두철미 믿음으로 일관한 생활이
> 라야 한다. 믿음이 없이는 아무 일에도 성공할 수 없다.
> 믿음은 생을 넓게 보도록 한다. 믿음은 생을 크게 보도록
> 한다. 믿음은 생을 멀리 내다보게 한다. 믿음은 생을 의
> 미가 있는 것으로, 근거가 있는 것으로, 목표가 있는 것
> 으로 만든다. (중략) 신앙이 없이는 생의 중심을 얻지 못
> 한다. 뿌리가 깊은 생활을 할 수가 없다. 우리의 생활에
> 는 앞이 있어야 한다. 중심이 있어야 한다. 뿌리가 있어
> 야 한다.112)

일상생활에서의 실천은 구체적인 인간 행동을 통하여 근본
적인 인간의 필요성과 필요조건들을 요청한다. 정경옥은 구체
적인 실천 대상을 말한다.

> 우리의 사랑을 요구하는 대상의 발견이다. 예수께서는
> 추상적으로 광막하게 인류를 사랑한다거나, 동족을 사랑
> 한다든가 하는 개념적인 대상으로 만족하지 아니하고, 어
> 떠한 구체적인 대상을 구하였다. 우리는 인류를 한꺼번에

---

112) 정경옥, 『기독교신학개론』, 426~427쪽.

사랑한다고 말하기는 쉬우나, 한 사람을 사랑하기는 어렵
다. (중략) 내가 생명을 쏟아서, 나를 버리고, 사랑할 만
한, 구체적인 대상을 발견하지 아니하면 안 된다. 그런데
그 구체적인 대상은 예수의 방법에 의하면, 그 사회에서
제일 뒤떨어지고, 천대를 당하며, 비참한 생활을 하는 사
람을 찾는 것이었다.113)

일상생활에서의 순결한 삶, 일 속에서 전심을 다하여 하나
님께 하듯 하는 삶을 위하여 정경옥은 날마다 반성한다고 하
였다.

나는 나 자신을 반성하였다. 내게는 과연 순결이 있는
가? 내가 날마다 사는 생활, 내가 날마다 하는 일, 이것은
순결을 요구하는 성질의 것이다. 순결이 없을 때에 내가
하는 일은 모독과 허위일 것이다.114)

정경옥은 일상생활의 노동의 가치를 일깨운다. "아버지께
서 이제까지 일하시니 나도 일한다."(요 5:17)는 예수의 태도
를 따라 노동을 대단한 특권으로 생각하고, 인간적인 것이 아

---

113) 정경옥, 「기독의 성애」, 19쪽; 정경옥, 『정경옥 교수의 글모음』,
376쪽.
114) 정경옥, 『기독교의 원리 외 3종』, 324쪽.

니라 신성한 것으로 여겼다. 그래서 신앙과 노동은 긴밀한 관계가 있음을 잊어서는 안 된다. 그는 타고르의 '기탄잘리'를 인용하면서 지름길이 아니라 땀을 흘리는 노동의 생활을 통하여 이 세상에서 창조적인 일을 해야 한다고 강조한다.[115] 정경옥은 노동하는 속에서 하나님을 만나는 일상생활의 영성을 우리들에게 보여 주었다.

정경옥의 영성은 일상생활 속에서 하나님을 경험하며 신앙을 가지고 단순하고 성실하게 생활해야 함을 강조하는 일상생활의 영성이었다.

4) 선비적 영성

정경옥의 글에 아주 의미 깊은 말이 있는데 '지조'와 '혼'이 바로 그것이다. 젊은 시절 한학을 공부한 선비적 전통이 그의 글에 배어 나오는 것이 아닐까 생각한다. 자장(子張)은

---

115) "밭 가는 사람이 굳은 땅을 갈며 / 길 닦는 자가 돌멩이를 깨치는 / 그곳에 하나님은 계신다. / 그는 해에 쬐며 소나기를 맞고 / 옷이 먼지에 쌓여 있는 그들과 같이 계신다. // 그러므로 너희들은 명상을 떠나며 / 꽃과 향불을 버리고 밖으로 나오라. / 너희 옷이 찢어지고 더러울지라도 / 그것이 무슨 상관이 있겠느냐. / 고역을 하고 이마에 땀을 흘리며 / 그를 만나고 그와 같이 있으라." 정경옥, 『기독교신학개론』, 430~431쪽.

"선비는 위태로움을 당하여서는 생명을 바치고, 이익을 얻게 될 때에는 의로움을 생각한다."고 하여 생명과 이익이라는 이기적 추구 대상과 대비되는 의로움을 선비의 가치로서 말했다. 맹자는 물질적 조건에 흔들리지 않는 지조를 선비의 인격적 조건으로 제시했다.116) 선비정신은 의리와 지조를 중요시한다. 또한 선비정신은 맑음의 미학에 기초한다. 선비는 감성의 발현인 인정과 인간으로서 지켜야 할 도리인 의리를 잘 조화시킨 사람이다.117) 한편 선비는 가난함을 편안하게 여기고 도(道)를 찾는 데서 즐거워하는 안빈낙도(安貧樂道)를 생활의 신조로 삼아야 하고, 세속적 욕심을 멀리 떨쳐 내서 자신의 책임과 도리를 다할 수 있는 인격이라야 한다. 즉, 선비는 청빈을 생활 속에 실천하는 수도자의 모습을 지키는 인격이다.118)

정경옥이 진도로 낙향하여 만난 이세종이 바로 선비정신에 아주 어울리는 청빈하고 지조 있는 삶을 살고 있었다. 앞서도 말했지만 이세종은 서양의 수도원 운동과 상관없이 우리나라의 전통적 종교 수행법을 통해 오직 성경 말씀을 읽고 묵상하

---

116) 금장태, 『한국의 선비와 선비정신』, 서울대학교 출판부, 2000, 6쪽.
117) 정옥자, 『우리가 정말 알아야 할 우리 선비』, 현암사, 2002, 9쪽, 25쪽.
118) 금장태, 『한국의 선비와 선비정신』, 14쪽; 정옥자, 『우리가 정말 알아야 할 우리 선비』, 57쪽.

는 가운데 도를 깨달았다. 그는 득도한 후 절대 청빈, 절대 순종, 절대 순결을 실천하여 토착적인 선비적 영성으로 수도 생활을 하였다. 정경옥은 이세종을 만나고 나서 예수를 재발견했다. 다음은 예수를 새롭게 만나고 쓴 『그는 이렇게 살았다』에 있는 글이다.

> 우리가 실생활에 나서서 사회의 현실과 접촉할 때 신앙의 지조를 지키기가 얼마나 어려운가를 더욱더 깊이 깨닫게 된다. 나중에는 빌라도가 말한 것같이 "진리가 무엇이냐?"라고 회의적 태도를 취하게 될 수도 있고, 될 수만 있으면 평온 무사주의로 타협과 굴종을 일삼게 되기도 하고, 내게 이익이 되는 일이면 잠깐 동안 양심의 눈을 감고 아무런 일이라도 할 수 있다는 생각까지 하게 된다.
>
> 신앙의 지조를 지키려면 오해를 받기도 쉽고 자기 스스로가 거대한 희생을 각오하지 않으면 안 된다. 그러므로 어떠한 손실이 있든지 끝까지 진리만을 위하여 절의를 지켜 나가는 사람은 순교자의 정신이 필요하다.[119]

끝까지 진리를 위하여 지조를 지켜 가는 순교자를 본받으려는 정경옥의 마음을 볼 수 있다. 정경옥은 그렇게 살기 위

---

[119] 정경옥, 『기독교의 원리 외 3종』, 336쪽.

해서 삶의 중심을 잡아야 한다고 강조한다.

　　이렇게 생활에 불변의 지조가 있으려면 먼저 생의 중심을 얻어야 한다. 내 활동이 얼마나 복잡하든지 내 일이 어떻게 전개되든지 내 속에는 언제든지 움직이지 않고 변하지 않는 부분이 있어야 한다. 그래서 모든 활동, 모든 사업은 이 움직이지 않는 중심을 향하여 집중되고 귀일되어야 할 것이다. 중심이 없이 분산된 인격은 생의 능률을 내지 못한다. 중추신경이 마비되면 전신의 활동이 통제를 잃는 것과 같이 인격에 무거운 중심이 서지 못하면 생활이 변태성을 띤다. 그러므로 무슨 일을 하거나 무엇을 생각하거나 중심이 흔들리면 안 된다.[120]

　정경옥은 오늘날 참된 순결을 찾아보기 어렵다고 하면서 바다 가운데 있는 바윗돌에게서 부동의 자세를 배우라고 한다.

　　예수의 십자가는 우리에게 순결의 가치를 가트쳐 주었다. 인간의 극치는 순결에 있다. 순결에는 소극적인 순결이 있고 적극적인 순결이 있다. 소극적인 순결은 갓 난 어린아이와 같이 아무 티도 흠도 없는 심성을 이름이다. 적극적인 순결은 완전한 조화와 통일을 얻은 인격의 완

---

120) 같은 책, 386~387쪽.

성 상태를 가리킨다.[121]

그는 중심을 잡은 다음에 한 가지 목적을 향하여 열정과 혼을 쏟으라고 한다. 의에 대한 열정! 이것이 순결이다. 정경옥은 활을 쏘는 장면을 보고서 혼을 담아 활을 쏘는 순결을 예로 들어 설명한다. 지금도 신학자나 목회자들이 예술가뿐만 아니라 운동선수나 대중가수들의 혼이 든 열정과 정신으로부터 오히려 배워야 하는 것이 아닌가 한다.

우리의 생활도 활 쏘는 기상이라야 한다. 무슨 일을 하든지 혼을 가지고 하라. 차라리 하지 않으면 모르려니와 무슨 일이든지 한번 붙잡으면 그곳에 너희 열정을 쏟아 부으라. 공부를 하여도 그렇게 하고, 글씨를 쓸 때에도 그렇게 하고, 음악을 할 때에도 그렇게 하고, 장사를 하더라도 그렇게 하고, 농사를 하더라도 그렇게 하고, 교육사업을 하더라도 그렇게 하고, 예수를 믿더라도 그렇게 할 것이다. 일에 성공을 하고 못하는 것은 오히려 둘째 문제이다. 정신이 살아 있느냐? 혼을 쏟았느냐? 이것이 중요하다.[122]

---

121) 같은 책, 385쪽.
122) 같은 책, 387쪽.

　　낙향하고 나서 정경옥은 전영택에게 보내는 편지에 자신의
변함없는 마음을 이렇게 쓰고 있다.

　　　추호형! 이 죄 많은 몸을 창해에 맑게 씻어 조선교회
　　를 위하여 제물로 바치려는 정성만은 변하지 않았습니다.
　　　주님께 바친 목숨이어늘 신앙의 지조를 어길 리 있으
　　리까.[123]

　　선비들은 일상적인 감회를 시로 표현했다. 또한 흥취가 일
어나면 시로 화답하거나 각각 운을 따라 시를 지어 즐기고 시
회를 매우 흔하게 만들었다. 선비들은 미적 감각과 예술적 감
성을 지닌 시인이었다. 정경옥은 이런 의미에서 시를 몇 편
남겼다.

　　　다시 이 빛이 막막한 호수에 비취어줄 때
　　　금색은색으로 물들인 세파 위에
　　　나는(飛) 새—무리!
　　　모든 자유 모든 희락에 넘치는
　　　새—무리로다.[124]

---

123) 정경옥, 「죄 많은 이 몸을 창해에 맑게 씻어」, 『새사람』 제5집,
　　　1937, 46쪽; 정경옥, 『정경옥 교수의 글모음』, 568쪽.
124) 정경옥, 「나의 생각」, 『청년』 제3집, 1922, 28쪽; 정경옥, 『정경
　　　옥 교수의 글모음』, 603쪽.

> 미(美)의 춘(春)— 애(愛)의 춘—
> 벗었던 몸 무궁화동산을
> 다시 꾸민다 다시 옷 입힌다
> 진주로 비단으로
> 아— 미의 춘.
>
> 미의 신(神)— 애의 신—
> 어둠의 그늘을 밝음의 빛으로
> 거듭나게 하소서 다시 살게 하소서
> 오— 미의 신 애의 신[125]

유동식은 시인 정경옥의 모습을 그의 미완성 예수전에 나오는 '성모찬가'에서 보았다.[126]

> 양지(陽地)에 봄빛 받아 꽃봉오리 도드라져
> 묵묵히 고개 숙여 천의(天意)를 머금었네
> 아직도 눈서리 차니 어이 필까 하노라
>
> 눈서리 녹다 말고 생명은 싹트나니
> 금석(金石)이 강하단들 이보다 굳셀소냐

---

125) 정경옥, 「신시 : 춘(春)의 야(野)」, 『청년』 제6집, 1923, 58~59쪽; 정경옥, 『정경옥 교수의 글모음』, 606~607쪽.
126) 유동식, 『한국신학의 광맥』, 208쪽.

시절(時節)이 이르다 말고 열매 맺어 주소서[127]

정경옥의 영성은 한국의 선비정신으로부터 내려와서 이세종에게 발견되어 『그는 이렇게 살았다』에 깊이 울려 퍼지는 선비의 영성이었다.

―――――――――――――

127) 김천배, 「정경옥 교수의 편모」, 28쪽.

3. 정경옥의 신학방법론

1) 종합적 복음주의 신학

정경옥은 자신의 신학적 입장을 『기독교신학개론』에서 다음과 같이 밝힌다.

> 나는 신앙에 있어서 보수주의요 신학에 있어서 자유주의란 입장을 취한다. 신학을 구태여 자연신학과 계시신학의 두 가지로 구분하고 나더러 그 중에서 꼭 한 가지만 내 것으로 택하라고 하는 궁색한 질문을 한다면 나는 슐라이어마허나 리츨이나 바르트가 주저할 것 없이 취하였으리라고 생각되는바, 복음주의적 입장에서의 계시신학을 택할 것이다. 그러나 나는 그 계시가 인간의 경험론과 실제상으로나 본질적으로 구분된다고는 생각하지 않는다. 나 자신은 신학상으로 보아서 리츨을 많이 배웠다. 따라서 칸트를 좋아한다. 그러나 나는 어떠한 의미로 보

든지 리츨리안이 아니다. 이 책을 읽어 보는 사람이면 내
가 얼마나 바르트 신학의 근본정신에 찬동하는 것을 용
이하게 발견할 것이다. 혹 경험론적 신학이 좀 어색하게
계시론적 신학과 결합되어 반대되는 양극을 한꺼번에 가
지려고 한다는 인상을 얻을 사람이 있을 것이다. 그러나
내가 만일 하나님의 절대계시와 인간의 유한성을 강조한
것이 있다면 이는 "모든 것이 다 하나님이요, 사람은 아
무것도 아니다."라는 입장에서가 아니요 우리의 실제 종
교생활에 있어서 우리의 신앙이 하나님의 은총에 대한
감격과 신뢰와 복종의 경건한 기독교 의식을 표현하려
함이다. 나는 계시가 역사인 것을 믿는다. 그리고 역사는
그것이 하나님의 창조와 섭리 아래 있는 이상 계시인 것
을 믿는다. 이와 같이 일반 계시를 용인한다고 해서 결코
특수 계시를 부인한다는 것이 아무런 이유가 되지 못할
것 같다.[128]

대체로 정경옥은 "나는 신앙에 있어서 보수주의요 신학에
있어서 자유주의란 입장을 취한다."에서 '자유주의' 신학이라
는 측면만 꼬리표가 붙어 알려져 왔다. 그러나 그의 말을 끝
까지 읽어 보면 그가 '복음주의적 입장에서의 계시신학'의 입
장에 서 있고, '바르트 신학의 근본정신에 찬동'한다고 강조

한 것을 볼 수 있다.

한국 교회와 신학계에서는 유난히 '복음주의'라는 용어를 선호한다. 아마도 자유주의라는 부정적 인상을 씻으려는 한국 교회 특유의 에토스가 아닐까 한다. 특히 박형룡에 의해 진보적 경향의 모든 신학은 바르트의 신학일지라도 자유주의 신학으로 규정되었다. 박형룡은 슐라이어마허, 리츨, 하르낙의 구(舊)자유주의와 바르트주의를 구분 없이 사용하며, 이 전통은 아직도 보수적인 장로교 신학자들에게 이어져 오고 있다.[129] 나는 위와 같은 현실에서 한국 교회와 신학계가 넓은 의미의 복음주의에서 일치점을 찾을 수 있다고 본다. 정경옥

---

129) 한국 신학계에도 바르트의 사상적 제자들이 미치는 영향은 대단히 크다. 한국바르트학회(편), 『바르트신학연구』(1970)에 기고한 한국의 신학자는 윤성범, 박순경, 변선환, 은준관, 이종성, 한철하, 지동식, 전경연, 박봉랑이며, 바르트 계통으로 학위를 한 중견 및 소장 학자로는 김균진, 오영석, 김명용, 김흡영, 이신건, 최종호, 김재진, 김애영, 정미현, 정승훈, 김도훈, 배경식, 신옥수, 신준호, 임걸 ,임홍빈, 곽미숙, 오성현 등이 활동 중이다. 위의 학자들 중 박순경, 김애영, 정미현, 정승훈 등이 바르트 신학의 좌파적 해석을 따르는 이들이며, 총신 계통의 학자는 하나도 없다. 2005년 총신 출신으로는 처음으로 박성민이 네덜란드 자유대학에서 바르트를 전공하고 돌아왔으나 총신대에서 강의할 수 없는 것이 현실이다. 심광섭, 「제1차 세계대전과 신학」, 『세계의 신학』 1999년 봄호, 122~123쪽. 바르트 신학을 사회비판과 타자의 배려란 측면에서 해석한 책으로는 미국 와트버그 신학교 정승훈 교수의 『칼 바르트와 동시대성의 신학』(대한기독교서회, 2006)이 있다.

도 한국 신학사상은 어느 교파를 닥론하고 복음주의적이라고 한다. 비록 '복음교회'란 이름을 달지 않을지라도 사실은 복음주의다. 이는 인간의 타락과 무능, 신앙에 의한 칭의, 구속의 체험 등을 강조하는 데 기초해 있다. 정경옥은 우리가 복음주의적 기독교가 바울, 아우구스티누스, 루터, 칼뱅, 존 웨슬리의 계통을 밟아 우리에게 이른 건전한 사상이라고 믿는다고 했다.[130] 정경옥은 "현대에 있어서 신학은 그 실천적 지향에만 역량을 집중하기 쉬운 것이다. 그러나 이러한 때일수록 기독교 신학은 구속의 은총과 중생의 체험을 강조하여서 기독교의 이상으로 하여금 시대에 앞서 예언자적이며 제사장적인 사명을 다하도록 힘쓰지 않으면 안 된다."[131]고 하였다. 이는 정경옥이 얼마나 복음주의의 건강한 조화와 균형을 강조하였고 유지하였는지를 보여 준다. 그는 이러한 노력이 한국 교회가 사회참여와 복음전도, 즉 예언자적이면서 제사장적인 사명을 균형 있게 감당하면서 복음주의로 일치할 수 있는 단초가 될 수 있다고 생각한다.

기독교 진리는 종합적이요 체계적인 성찰을 요구한다.

---

130) 정경옥, 「현대신학의 과제」, 『신학세계』 제24권 제3호, 1939, 9쪽; 정경옥, 『정경옥 교수의 글모음』, 363쪽.
131) 같은 책, 364쪽.

여기에 있어서 기독교는 무엇보다도 먼저 역사적 권위에 기초한 생활이며 체험인 것을 전제로 한다. 이 생활, 이 체험은 신학에 있어서 결합되고 관련되고 체계화하는 것이다. 그러므로 우리는 종교적 체험이 있은 다음에 교리가 생기고 종교가 있은 다음에 신학이 있다고 생각한다.[132]

정경옥은 기독교 진리를 종합적으로 추구했으며 자신의 신학 안에서 존 웨슬리와 슐라이어마허, 리츨, 해리스 롤, 칼 바르트 등 현대 신학자들, 그리고 이세종의 장점을 종합하였다. 그의 신학은 비빔밥 신학이었다고 할 수 있다.[133] 따라서 나는 정경옥의 신학적 입장을 종합적 복음주의 신학으로 해석하고자 한다.

---

132) 정경옥, 『기독교신학개론』, 64쪽.
133) 윤성범은 비빔밥 신학을 온갖 것을 다 섞은 후 참기름 한 방울을 똑 떨어뜨려 먹는 맛에 비유하였다. 이호빈은 학문은 현실적인 문제는 뛰어넘어야 하는 모험이 필요하며, 어떠한 제약에도 자유로워서 어떤 것이든 받아들이고 그것을 잘 섭취하고 소화해서 새로운 나의 것으로 만드는 비빔밥 신학을 만들어 보자고 하였다. 이덕주, 「한국 기독교 문화 유적을 찾아서」, 『기독교사상』 1998년 6월호, 254~255쪽; 허도, 「생애와 사상: 빛으로 산 사람 우원」, 『끝날의 징조와 사는 길』, 69쪽.

2) 경험주의적 프락시스 신학

정경옥에 의하면 "신학은 종교적 진리를 체계적으로 이해하려는 학문이다." 또한 그는 기독교 신학을 역사신학, 이론신학, 실천신학으로 구분하였다. 왜냐하면 과거 경험과 현재 이성이 미래의 실제적 방향을 목표로 삼는 데, "신학에 대한 건전한 개념과 효과 있는 방법을 세우는 데 가장 적절하다."고 보기 때문이다. 기독교 신학은 추상적 개념이 아니라 2,000년 기독교의 과거 경험으로부터 시작해야 한다는 것이다. 기독교의 역사적 경험이란 극히 다양하다. 성서뿐만 아니라 2,000년 교회역사의 의식과 제도, 이상과 사업, 교리와 신조, 성도들의 신앙고백과 자서전과 기타의 종교문헌이 많이 있다. 그는 추상적 방법이 아니라 일상적 경험을 강조하면서 다음과 같이 말하였다.[134] 이것은 역사신학의 관심 영역이다.

> 형이상학적 사변에 의한 종교의 합리화보다는 생활경험에 의하여 인생을 이해하려는 방법이 얼마나 더 자유스러운 형식과 풍요한 성과를 터득할 수 있는가를 깨닫게 된다. 개개의 경험은 종교의 본질 개념에 유형적 자료

---

134) 이것은 슐라이어마허 이후 현대 신학이 강조하는 점일 뿐만 아니라 특히 해방신학의 진리의 출발점이다. 고재식 편저, 『해방신학의 재조명』, 사계절, 1986, 60쪽.

를 제공하여 개개의 생활 순간을 보편적인 원리에 연관
해 줄 뿐만 아니라 개개의 경험이 절대 독자적인 지위를
보존하여 역사 가운데 구현되는 진리의 신기원을 만들어
내기도 한다.[135]

다음으로 기독교 신학은 역사적 경험을 고찰하는 것만으로
는 충분하지 않다는 것이다.

선배들의 경험이 귀하기는 하지만 자기 자신이 이것을
내 것으로 삼지 않으면 내게 있어서 값있는 은사가 되지
못한다. 신학을 배운다는 말은 옛사람이 무엇을 했고, 어
떻게 믿었다는 것을 알고 이것을 암기하는 데 그치는 것
이 아니다. 자기 자신이 선배들의 길을 밟아서 자기 스스
로의 정확한 신념과 경험을 얻도록 노력하지 않으면 안
된다.[136]

우리의 신앙생활에 있어서도 이렇게 남의 것을 가지고
내 것이라고 떠들고 지나간 옛 것을 가지고 생명 있는 것
이라고 붙들고 있을까 두렵다. 신앙일수록 우리 스스로가
심령의 깊은 속에서 깨친 것이 아니면 안 된다. 진리를
직면하기 전에는 진리를 참으로 알지 못한다.[137]

---

135) 정경옥, 『기독교신학개론』, 47쪽.
136) 같은 곳.

신학은 철학이나 예술 등 이와 우사한 학문에서처럼 현재 자신의 실존적 참여를 요구하는 실존적 학문이다. 신학은 우리 자신의 삶과 앎을 성찰하여 신학화하는 지적 행위이다.[138] 정경옥은 실존적 경험을 강조한 신학을 전개하였다. 종교체험을 뼛속 깊이 겪은 사람이 위대한 신학자라는 말을 통하여 신비주의의 긍정적 측면이 많이 언급되는 것을 볼 수 있다.

신학의 특징은 연구자의 내적 경험과 그 학문 자체에 밀접한 관계가 있는 것이다. 환언하면 종교적 진리는 종교경험의 원칙을 통하여서 더 홀연하게 소유할 수 있으며, 종교적 진리에 대한 확신성은 종교적 견해의 심천에 정비례한다. 그러므로 위대한 신학자는 자기 스스로가 몸소 뼛속 깊이 사무친 종교적 체험을 가진 사람일 것이다. 실로 신학은 "학(學)"으로서의 체계 구성에 주력하는 것보다도 "신학하는 것", 즉 신앙체험에 대한 관찰과 여기에 대한 열정과 동경을 가지는 것이 더 중요하다. 이것은 개념적 사고의 형식에 의한 신앙의 자기성찰인 것이다. 개개의 생활의 순간을 타당한 지식으로 영원한 가치가 있는 원리에로 고양(高揚)하려는 활동인 것이다.[139]

---

137) 정경옥, 『기독교의 원리 외 3종』, 318쪽.
138) 심광섭, 『기독교 신앙의 아름다움』, 다산글방, 2003, 36쪽.
139) 정경옥, 『기독교신학개론』, 47~48쪽.

다음으로 자체적으로 조화로운 체계가 있어야 하고 대외적으로 신학 이외의 일반 지식과 모순이 없어야 한다. 즉, 세상 학문과의 일관성과 합리성을 보존해야 한다는 것으로, 다른 학문과의 소통이 있어야 한다는 것이다. 이것은 이론신학의 관심 영역이다.

> 기독교 사상은 자체 안에서뿐만 아니라 신학 이외의 지식 일반과의 모순이 최소한도에까지 제거되도록 노력하여야 한다. 만일 기독교 신학과 신학 이외의 다른 지식이 서로 배치되는 경우에 우리의 이성은 이 둘을 동시에 옳은 것이라고 용인하지 못한다. 여기에서 신학이 지식 일반에 배치되지 않아야 한다는 말은 신학과 다른 지식과의 구분이 없다는 것도 아니요, 신학이 언제나 세상의 지식을 추종하여야 한다는 것도 아니라 모순되는 두 개념을 동시에 옳다고 받아들일 수 없다는 원칙을 지적하려는 것뿐이다. 과연 오늘날 우리는 신학과 세상의 지식이 다르면서도 연관이 있고 서로 구분이 되면서도 배치되지 않는 것을 밝혀 줄 임무가 있을 것이다.[140]

마지막으로 기독교 신학은 반드시 실천적 지향이 있어야 한다. 신학은 넓고 복잡한 이론에만 그치면 안 되고 실생활의

---

140) 같은 곳.

원칙과 표준을 제공해야 한다는 것이다.141) 이러한 실천의 강조는 다분히 웨슬리 신학적인데142) 현대 해방신학이 역점을 두어 추구하는 방향이기도 하다.143) 이것은 실천신학의 영역을 말한 것이다. 정경옥은 현대 신학의 과제를 말하면서 "기독교의 이상과 생의 실현과의 충돌에서 일어나는 고뇌를 직감하고 있다. 현대 신학은 실로 고뇌의 신학이다."144)라고 했다. 현대의 상황을 고뇌하며 실천하는 과제를 강조한 것이다.

기독교 신학은 추상적 개념이나 원칙에서 시작하지 않고, 구체적이고 역사적인 경험을 내적 성찰을 통하여 외적 이론 형식으로 실생활의 원칙과 표준을 만들어 실천하는 학문이라는 것이다.

---

141) 같은 책, 49쪽.

142) '실천신학(practical divinity)'이란 존 웨슬리로부터 유래한다. 이 말은 신학의 본성과 목적에 대한 웨슬리의 이해를 나타낸다. Thomas A. Langford, *Practical Divinity: Theology in the Wesleyan Tradition*, p.5.

143) 구티에레즈, 허병섭 옮김, 『해방신학』, 미래사, 1986, 22~23쪽; 고재식 편저, 『해방신학의 재조명』, 32쪽.

144) 정경옥, 「현대신학의 과제」, 10쪽; 정경옥, 『정경옥 교수의 글모음』, 364쪽.

3) 변증적 신학

정경옥은 『기독교신학개론』 서문에서 '변증론적 체계를 구성'해 보려고 한다고 했다. 일률적 조직이나 체계를 갖춘 조직신학을 구성하는 것이 목적이다. 이것은 철학적·논리적 변증뿐만 아니라 새로운 우주론과 진화론이 대두된 과학 시대에 신앙을 변증하는 것이다. 그것을 이루는 체계의 원리는 다음과 같다.

> 기독교는 먼저 하나님과 사람과의 영원한 관계를 전제로 하고 양자 사이에 원만하고 정당한 관계를 발견하려고 한다. 그러나 여기에 죄악이라는 사실이 이러한 이상적인 본연의 관계를 지양(止揚)하고 죄인이 된 인간은 다시 구원을 갈구하게 된 것이다. 그리하여 기독교는 죄인인 인간과 그를 구원하시려는 하나님과의 제2차적인 관계에서 현실의 인간을 이해하려고 한다. 그리고 그리스도의 사건은 하나님과의 본연의 관계를 회복할 뿐만 아니라 완성하게 한다고 해석한다. 그러므로 여기에서 나는 기독교 신학의 체계를 먼저 하나님과 인간, 그 다음에는 죄악과 구원, 그리고 마지막으로 그리스도에 대하여 논하였다.[145]

---

145) 정경옥, 『기독교신학개론』, 35쪽.

신학은 관계적이다. 현대 신학은 "모든 것이 연결되어 있다."는 것을 강조한다.[146] 하나님과 인간의 관계가 죄악으로 인하여 파괴되었기 때문에 이 관계를 정상적으로 회복하기 위하여 그리스도 사건이 있었으며, 인간은 그리스도를 통한 구속이 필요하다는 것이다. 그리고 신학의 목적은 구원론이라는 것이다. 『기독교신학개론』의 구조는 다음과 같다. 우선 신학서설(Prolegomena)로서 제1편 신학, 제2편 종교, 제3편 기독교를 다루면서, 신학은 종교체험을 대상으로 삼는데 기독교가 종교 중 최고라고 한다. 그러나 '기독교 이외에 다른 종교에서 진리가 있는 것을 발견하였다면 이는 기독교의 진리에 중상이 되는 사실이 아니'라고 한다. 오히려 "기독고가 소유한 진리를 더 밝히는 증거로 알고 기뻐해야 할 것이다."[147] 신학본론은 제4편에서 제8편까지로, 각각 신론, 인간른, 죄론, 구원론, 기독론을 다루면서 기독론을 정점으로 논하였다. 그의 신학적 초점은 하나님이 그리스도를 통하여 인간을 죄악 가운데서 구원하셨다는 것, 즉 하나님과 인간의 관계가 죄악으로 인하여 단절된 상태에 있을 때 '하나님께서 그리스도 안에 계시사 세상을 자기와 화목하게 하시'(고후 5:19)는 것에 있기

---

146) 생태여성신학(ecofeminist theology)은 상호연관성(interconnected
-ness)과 상호의존성(interdependence)을 강조하는 대표적인 현대
신학이다.
147) 정경옥, 『기독교신학개론』, 56쪽.

때문이다.

> 신학의 임무는 인간의 활동이 자기 자신을 내성(內省)하는 동시에 밖을 향하여 작용하는 것과 같이 내적 성찰과 외적 형성의 두 가지 기능에 있다 할 것이다. 따라서 그 임무는 먼저는 종교경험의 잡다(雜多)에서 통일에 환원하려고 노력하고 이와 동시에 시대에 적당한 이데올로기와 생활 기구에 마땅하고 적절한 형식으로 이것을 표현하도록 해야 할 것이다.[148]

20세기 최고의 변증적 신학자는 폴 틸리히(Paul Tillich)이다. 틸리히는 자신의 『조직신학』 서론에서 조직신학의 구성 문제로서 변증학을 꼽고, 변증적 신학은 대답하는 신학(answering theology)이라고 하였다. 그는 조직신학의 변증학적 요소가 상관관계 방법에 의해 표현된다고 하였다.[149] 정경옥의 '변증론적 체계'를 구성해 보려는 시도는 바로 신학은 교회 안팎에서 오는 제 문제에 대해 대답하는 신학이어야 한다는 인식에서 비롯된 것이다. 변증적인 신학자라는 것과 현대 신학자들 사

---

148) 같은 책, 57쪽.
149) Paul Tillich, *Systematic Theology*, Vol. I, The Univ. of Chicago Press, 1951, 31쪽; 폴 틸리히, 유장환 옮김, 『조직신학 I』, 한들출판사, 2001, 57쪽.

이에 경계선 상에서 신학하는 것을 볼 때에 정경옥의 신학은 여러 면에서 틸리히와 공통점이 많이 있다고 본다.[150]

정경옥의 신학은 그 시대의 언어와 사상과 호흡을 맞추어 변증하는 신학이다. 게토화한 영역에 갇혀 버린 신학과 지나치게 사변적인 신학을 지양하여 시대를 책임지는 신학이요 생명력 있는 신학이었다.

4) 토착화 신학

정경옥은 신학의 역사를 시대별로 살펴보면서 "신학의 표현형식은 시대가 변하고 장소가 타낌에 따라 가끔 변해 왔다."고 하면서 자신의 신학적 임무를 다음과 같이 제시하였다.

> "오늘날 통절하게 필요한 신학은 시대정신에 동정할 수 있으면서도 시대정신에 맹목이 되지 아니하는 신학이다." 한편으로는 기독교의 독자적인 전통을 존중히 여기어 그 진리 파악을 확실히 하고 또 한편으로는 명철한 관찰과 식별을 가지고 시대가 이해하고 요구하는 방법에

---

150) 선한용은 정경옥의 『기독교신학개론』을 읽으면서 폴 틸리히의 신학서적을 읽는 느낌이 들었다고 하였다. 선한용, 「철마 정경옥 교수의 생애에 대한 재조명」, 30쪽.

의하여 신학을 수립하여야 할 것이다. 이 시대는 각각 자
기 문화에 대한 자아반성을 요구하고 있다. 기독교는 세
계의 소유이다. 그러므로 기독교를 해석하는 방법과 그
형태는 각자의 문화 형태에 비추어 향토화(鄕土化)하고,
시대화(時代化)하지 않으면 안 된다. 이것이 이 시대에 있
어서 신학의 임무일 것이다.[151]

정경옥은 신학의 사명을 '시대화'와 '향토화'로 제시하였다.
시대화가 기독교의 독자적 전통을 '시대가 이해하고 요구하
는 방법에 의하여' 진술하는 작업이라면, 향토화는 그 전통을
'각각 자기 문화에 대한 자아반성'을 바탕으로 '각자의 문화
형태에 비추어' 설명하는 작업이다. 시대화 작업을 통해 과거
로부터 이어져 내려온 기독교 전통을 오늘에 재생하고 향토
화 작업을 통해 나라와 민족 밖에서 형성된 기독교 전통을 여
기에 뿌리내릴 수 있게 된다. 따라서 신학자는 기독교 전통
속의 진리에 확실해야 하고 시대의 흐름에 예민할 뿐만 아니
라 자기 민족 고유의 문화 전통에도 진실해야 한다.[152] 정경
옥은 이런 시대화와 향토화 측면에서도 '신학은 기독교 메시
지를 새로운 상황과 상호 관련시키는 작업'[153]이라고 본 폴

---

151) 같은 책, 59~60쪽.
152) 이덕주, 「한국 교회 토착신학 영성에 대하여」, 14쪽.
153) 폴 틸리히, 『조직신학 I』, 62쪽, 103쪽.

틸리히와 신학 이해가 비슷하다. 정경옥의 신학은 이러한 사
명에 충실하였다. '향토화' 신학은 오늘날의 '토착화' 신학을
의미한다.

> 신학하는 것은 곧 진리를 사랑하고 진리를 따라서 살
> 아 보려는 열정을 포함한다. 우리가 종교적 진리를 명상
> 하고 탐색하는 동안에 종교가 얼마나 심오하고 그 생활
> 이 얼마나 아름다우며 풍요한지를 깨닫게 되고 이로써
> 끊임없는 신앙의 자극과 격려를 받게 되는 것이다.[154]

정경옥에 의하면 신학함이란 진리를 사랑하고 그것을 실천
하는 삶과 하나님께서 만드신 아름다운 세상에서 풍요로운
삶을 사는 것이다. "자연과 인생 가운데 어디나 포함되어 있
는 궁극의 목적인 진과 선과 애와 미는 다 하나님게 근거하여
있다는 것이다."[155]

---

154) 정경옥, 『기독교신학개론』, 68~69쪽.
155) 정경옥, 『기독교의 원리 외 3종』, 28쪽.

5) 성서론

정경옥의 성서관은 역사비평학156)을 수용하는 입장이다. 『기독교의 원리』와 『기독교신학개론』에서 성서 항목을 설명하는 부분을 보자.157)

　　한편으로 보면 성경은 인간적인 문학인 것이 틀림없다. 성서는 표면적으로만 보면 다른 문학과 조금도 다를 것이 없는 고문전의 집성이다. 그러므로 문학과 신학의 입장으로는 역사적 비평의 대상이 될 수 있는 것이다. 이렇게 하여서 성서를 읽을 때에는 성서의 문자가 보이고 방언이 나타나며 그 우아한 수사와 시대적 반향이 암시

---

156) 한국에서 역사비평학이 처음 소개된 것은 양주삼이 『신구약총론』(1916)에서 '성서비평'이란 용어는 사용하지 않았지만 조심스럽게 비평적인 성서개요를 소개하면서부터이다. 1925~1934년 감리교신학교 교수인 로버트 A. 하디와 김인영은 『신학세계』에 발표한 여러 편의 논문을 통해 비평적 성서해석의 기틀을 마련하였다. 왕대일, 이화여자대학교 한국문화연구원 편, 「한국 구약학의 회고와 진단과 전망」, 『신학 연구 50년』, 혜안, 2003, 53~55쪽, 62~63쪽.

157) 정경옥은 『기독교신학개론』의 「구원론」의 '은혜의 방법'에서 성서를 다룬다. 슐라이어마허는 「세계와의 상관성에 관한 교회의 실재에 대하여」(교회론)의 '성서'에서 다루고, 바르트는 「하나님 말씀론」의 '성서'에서 다룬다. 제프리 브로밀리, 신옥수 옮김, 『바르트 교회교의학 개관』, 크리스챤다이제스트, 2001, 362~363쪽; F. Schleiermacher, *The Christian Faith*, T&T CLARK, 1999, pp.591~611.

되어 있다. 그러나 성서는 이렇게 인간의 언어를 통하여
하나님의 뜻이 인간에게 말씀하여진 것이다.[158]

　현대의 성서에 대한 태도는, 먼저 성서의 내용을 아무 가림
없이 그대로 비판하고 연구하고 음미하고 생명으로 삼자는
데 있다. 선입견을 가지고 신학적 외장을 씌워서 해석하려는
것은 결국은 성서를 성서로 보려 하지 않고 자기의 의견이나
교리를 증명하는 도구로 사용하려는 태도와 다를 것이 없다.
그러므로 현대적 해석에 의하면 성서는 성서 그대로 가장 자
연스럽게 그리고 자유롭게 비판해야 한다는 것이다.[159]
　그러나 정경옥은 역사비평학을 수용하면서도 신앙의 눈으
로 성서를 보아야 하나님의 말씀을 잘 이해할 수 있다고 말한
다. 즉, 성서는 하나님의 책이면서 인간의 책이다.

　　성서에 있는 하나님의 말씀은 결코 역사적 연구와 과
　학적 비평을 가지고는 이해할 수 없다. 이러한 과학적 분
　석은 하나님의 말씀을 보는 것과는 별개의 방법이다. 이
　는 성서의 문자적 외구(外構)와 배경의 조건만을 볼 수
　있고, 이러한 외구와 조건만을 통하여 나타난 하나님의
　말씀에 접할 수 없다. 여기에는 오직 신앙과 복종이 있어

---

158) 정경옥, 『기독교의 원리 외 3종』, 116~117쪽.
159) 정경옥, 『기독교신학개론』, 396쪽.

야만 한다.160)

정경옥은 성서의 기계적 영감설을 비판하면서 기계적 영감설은 일반 교인의 절대 다수의 상식적인 신념이라고 생각한다. 이들은 유한하고 변화하는 현상계에서 영원하고 무한한 것을 사모하는데, 인간의 지식은 주관적이고 상대적이어서 확실한 절대 지식을 요구하는 종교적 갈망에서 기계적 영감설을 따른다는 것이다. 첫째, 이들의 태도는 주지주의(主知主義)이다.

기독교적 신앙이란 어떠한 일정한 주장이나 지식을 가지는 일이라고 생각한다. 신앙은 그들에 의하면 일정한 교리를 무조건적으로 용인한다는 의미로 해석된다. 물론 종교생활을 하는 데는 교과서가 필요하다. 그러나 기독교는 '서적의 종교'가 아니다. 생명이 있는 종교는 경전의 가치를 부정하지는 않지만 경전의 문자에 구속을 받지 아니하고 심령의 자유롭고 창조적인 기운찬 약동에 기초한다. 종교문학은 종교의 체험을 구체적으로 표현한 것으로서 종교적 생명을 규정하고 이를 더 풍요롭게 하려는 수단이다.161)

---

160) 정경옥, 『기독교의 원리 외 3종』, 117쪽.
161) 정경옥, 『기독교신학개론』, 395쪽.

둘째, 기계적 영감설은 사람을 피동적인 물체로 생각하고 사람의 의지적 반응을 무시한다. 셋째, 이 세상을 인간적인 것과 초인간적인 것으로 구분하는 이원론이다. 정경옥은 히브리적 사상과 하나님의 인간 창조의 선함에 근거하여 이원론을 다음과 같이 비판하였다.

> 신령한 것이면 인간적인 요소가 전혀 포함되지 않는다는 생각은 히브리, 유대 계통을 받은 기독교의 근본 사상이 아니다. 이는 사람의 최고 가치가 다 하나님께로부터 온 것이요 하나님의 뜻이 아니고는 인간의 고귀한 도덕적이며 종교적인 경험이 불가능하기 때문이다.[162]

정경옥이 성서비평학을 수용하는 기본 전제는 이것이다. "성서를 볼 때는 무엇보다도 먼저 이것이 하나님의 말씀인 것을 알아야 한다. 하나님의 계시라는 관념을 떠나서 우리는 성서의 근본정신을 바로 이해할 수 없다."

정경옥의 이러한 입장은 「공관복음의 형식비판 연구」 「마가복음의 종결구 문제」, 그리고 「요한1서 강해」에 잘 나타나 있다. 「공관복음의 형식비판 연구」는 신약성서의 양식비평학자들인 마르틴 디벨리우스(Martin Dibelius), 루돌프 불트만(Rudolf

---

162) 같은 곳.

Bultmann)의 양식비평을 사용한 공관복음 연구를 소개하고 있
다. 「마가복음의 종결구 문제」는 본문비평을 다룬 글로서 마
가복음의 종결구가 첨부된 것임을 주장하면서 첨부된 내용의
특징을 밝혔다.163) 「요한1서 강해」는 11회에 걸쳐 요한1서를
체계적으로 강해했다. 그의 성서 연구의 목적은 "우리는 구약
과 신약에 있는 하나님의 말씀이 신앙과 실행의 충분한 표준
이 됨을 믿으며"라는 교리적 선언에 충실하다. 정경옥은 "신
학의 임무는 성서의 해석에 있다."고 했다.164)

> 성서 연구의 근본 목적은 저자의 소질이나 성품, 역사
> 적 배경, 문자의 배열을 연구하자는 것보다도 성서가 우
> 리게 주는 심령적 견식과 영감과 동력을 얻고자 하는 데
> 있다. 성서는 우리의 생활에 지도와 격려와 위안과 용기
> 를 준다.165)

한국 기독교의 보수와 진보의 갈등은 성서에 대한 입장의
차이에서 시작되었다. 보수적인 장로교회는 근본주의 신앙과
신학의 대 원칙인 성경의 절대 권위에 근거하여 1930년대 장

---

163) 정경옥, 「마가복음의 종결구 문제」, 『신학세계』 제19권 제5호, 1934,
26~32쪽.
164) 정경옥, 『기독교신학개론』, 51쪽.
165) 같은 책, 397쪽.

로교뿐만 아니라 다른 교파 교회의 신학을 '자유주의 신학'이라고 규정했다.166) 근본주의 신학으로 무장한 당시 장로교 교권집단은 축자영감설과 다름없는 성서무오설을 모든 신학 사상과 신앙의 정통성 여부를 판단하는 유일한 척도로 삼았다. 정경옥은 성서비평학을 수용한다는 점에서 '자유주의' 신학적이다. 하지만 바르트의 경우에도 성서비평학을 받아들이므로 성서비평학을 수용한다고 해서 모든 신학을 '자유주의' 신학이라고 부르는 것은 지나친 단순화 또는 보수주의 신학의 이데올로기일 뿐이다. 정경옥에게 '자유주의' 신학이라는 이름이 붙는 주요한 이유가 그의 성서른에서 기인함을 알 수 있다.

---

166) 자유주의에 대한 반동으로 생긴 근본주의자들의 반대의 중심은 성서의 권위와 영감의 문제에 있었다. 존 딜렌버거·클라우드 웰취, 『프로테스탄트 교회의 역사와 신학』, 301쪽.

4. 정경옥의 신학

1) 신론

정경옥의 신론은 역사적인 히브리 종교의 유산과 신약성서의 윤리적, 인격적, 초월적 유일신론을 따르는 범재신론(panentheism)[167]이다. 다음은 그의 「나의 신조」에 나오는 신론의 한 부분이다.

나는 만유를 창조하시고 지지하시고 통치하시고 지도
하시는 한 분 살아 계신 하나님을 믿는다. 하나님은 우주

---

[167] 범재신론은 하나님의 초월성과 내재성을 동시에 긍정한다. 종종 혼동하는 범신론(pantheism)은 하나님의 내재성만을 긍정하고 본질적으로 하나님의 초월성은 부정한다. 하나님은 사물의 총합과 동일시될 수 없다. 오히려 하나님은 모든 곳에 현존한다 하더라도 모든 것 이상이다. 만유재신론이라고도 한다. 마커스 보그, 한인철 옮김, 『새로 만난 하느님』, 한국기독교연구소, 2001, 65~66쪽.

의 모든 사물을 합한 총합이 아니며, 창조물의 어떠한 일
부분이 아니며, 사람의 상상으로 그려낸 환영(幻影)이나
감정의 유희물(遊戲物)이 아니라, 우리들이 명확하게 경
험하고 있는 진과 선과 미의 영적 실체로서 불완전한 우
주와 죄에 빠져 있는 인생을 구원하며 발달하게 하려고
끊임없는 노력을 하신다고 믿는다.168)

그는 기독교 신론을 역사적으로 살펴보며, 현대 신론의 주
요 경향을 세 가지로 구분하여 설명한다. 첫째, 그는 전능한
군주적 하나님169)보다는 그리스도의 실생활에 계시되어 있는
구속자로서의 하나님을 강조한다. 정경옥은 하나님은 절대 전
횡적 의미라는 관념으로 의의 유일한 토대를 삼으며 그리스
도의 품성을 경시하여 초월신론을 주장하며 무함마드의 예정

---

168) 정경옥, 『기독교신학개론』, 501쪽.

169) 샐리 맥페이그(Sallie McFague)는 새로운 기독교 신학의 패러다임
    을 제시하며 다음과 같은 주장을 편다. 첫째, 기독교 신앙은 전
    통적인 기대와 세상의 기준을 새롭게 하는 것으로 나타난다. 둘
    째, 기독교 신앙은 약자들, 아웃사이더들, 이방인들, 추방된 사람
    들에게 다가가는 포용적인 것이다. 셋째, 억눌린 사람들을 위해,
    또한 그들의 편에 서서 고난받는 종이 된 왕의 은유가 요약적으
    로 보여 주듯, 그리스도교 신앙은 반위계적이며 반정복주의적이
    다. 그러한 비전에서 보면 군주적 모델의 하나님은 새로운 기독
    교 패러다임에 맞지 않는다. Sallie McFague, *Models of God:
    Theology for an Ecological, Nuclear Age*, Fortress Press, 1987,
    pp.47~48; 정애성 옮김, 『생태학적 핵 시대와 하나님의 세 모델:
    어머니·연인·친구』, 뜰밖, 2005, 77~78쪽.

설과 같은 택정설을 가르친다고 아우구스티누스를 비판하였다.170) 둘째, 인간과 자연 안에 내재하시는 하나님으로 궁극의 목적을 완성하기 위하여 활동하시는 분이다. 셋째, 그는 바르트의 사상을 따라 인간을 향하는 하나님의 운동을 강조하여 인간의 종교경험이 아닌 하나님의 초월성을 강조한다.

보그(M. Borg)에 의하면 과거의 기독교 이해 방식은 교리적, 도덕적, 문자주의적, 배타주의적, 내세지향적이었다. 이것은 현재의 기독교인 대부분이 취하는 이해 방식이기도 하다.171) 정경옥의 신론은 전통적인 초자연적 유신론이 아니라 범재신론으로 현대 신학자들이 주장하는 신론이다.172)

정경옥은 기독교 신앙을 어렵게 하는 현대의 사조인 무신론과 대용신론,173) 그리고 불가지론을 다루고, 이러한 도전 속에서 기독교 신론이 재해석되어야 함을 말한다. 무신론 중 먼저 일반적인 무신론은 일정한 전통적 신론을 반대하는 것

---

170) 정경옥, 「성 오거스틴의 초연신관과 이에 관련한 종교 사상에 대한 비판」, 『신학세계』 제20권 제3호, 1935, 30쪽; 정경옥, 『정경옥 교수의 글모음』, 300쪽.
171) 심광섭, 『기독교 신앙의 아름다움』, 125쪽.
172) 마커스 보그, 『새로 만난 하느님』, 65~66쪽.
173) 시대의 수요에 의해 가짜로 만들어진 우상으로 우주의 법칙을 믿는 법신론(法神論), 실재론적 진화철학, 종교의 신에 대하여서는 사회적 의식의 이상화라고 보는 신인본주의의 사회신 등이 있다. 정경옥, 『기독교신학개론』, 176~178쪽.

이다. 그런데 이것은 전통에 대한 반대와 신에 대한 반대를 혼동하는 범주의 오류라는 것이다. 예로서 그는 니체(Nietzsche)의 "신은 죽었다."는 선언을 든다. 그에 의하면 니체의 선언은 '인간의 죄악과 세상의 사악을 비참하게 생각하고 인간의 가치와 능력을 무시하며 자신이 결핍한 겸양의 덕을 예찬하고 현실계에 대한 정적 해석과 내세에 대한 동경'만을 주장하는 중세 신학에 대한 반항과 정당한 비판이었다는 것이다. 니체는 엄밀한 의미에서 무신론을 말한 것이 아니라는 현대의 해석[174]과 정경옥의 관점은 일치한다. 둘째, 레닌사상이다. 레닌은 "종교와 유신론 사상이 노동계급의 착취의 옹호와 우둔화 이외에는 쓸 곳이 없다."고 하였는데, 이것은 무신론의 실천주의적 도구론으로 간주할 수 있다. 셋째, 과학적 무신론으로 프로이트와 왓슨의 심리학의 영향을 받은 것을 말한다. 넷째, 철학적 무신론으로 자연주의, 소박한 실재론, 실험론, 인본주의, 인격주의 등이다. 각각 체계의 차이를 따라 는점이 다르나 정경옥은 우주와 인생이 다 헛된 것이요, 그 가운데 아무런 궁극적 진리가 없다고 주장하는 절대 허무주의에 근거한 무신론은 현대에서 찾아보기 어렵다고 한다.[175]

---

174) 백승영, 「부록: '신의 죽음' 명제의 종교적 의미」, 『니체, 디오니소스적 긍정의 철학』, 책세상, 2005, 265~282쪽; 김정현, 「니체의 원시 그리스도교 비판」, 『니체, 생명과 치유의 철학』, 책세상, 2005, 177~221쪽 참조.

그는 현대 신론의 특징은 회의라고 말한다. 그는 회의를 긍정적 회의와 부정적 회의로 구분하는데, 긍정적 회의는 진리를 찾기 위한 방법론적 회의로서 높이 평가되고, 부정적 회의는 불가지론에 빠지는 것으로 여겨진다.[176]

현대의 기독교 신론은 첫째, 예수 그리스도의 하나님을 강조한다. 그리스도의 실생활에 계시되어 있는 구속자로서의 하나님을 강조한다. 이것은 그리스도의 사실과 그리스도 중심의 종교 경험을 기준으로 한 신론이다. 둘째, 자연과 인격과 역사의 과정 가운데 내재하여 궁극의 목적을 완성하기 위하여 활동한다는 신론이다. 셋째, 신의 절대성을 강조하는 신론이다.

우리는 예수와 사유, 실제생활, 그리고 기도의 방법으로 하나님의 존재를 알고 하나님의 은총을 확신할 수 있다고 정경옥은 말한다.

> 현대의 지식이 우리에게 기독교 신론에 대한 새로운 해석을 요구하고 있는 것이 사실이다. 그러나 기독교는 유일신의 실재를 믿으며 만물을 창조하고, 섭리하고, 통

---

175) 정경옥, 『기독교신학개론』, 173~175쪽.
176) 여성신학, 해방신학 등 현대 신학은 의심의 해석학(hermeneutics of suspicion)을 기본적으로 적용하는데, 의심의 대가들인 마르크스, 니체, 프로이트가 기존의 개념들에 대한 근원적인 의심으로부터 그들의 논의를 전개하는 것처럼, 성서 본문과 그에 대한 해석을 의심과 비판의 관점으로 검증한다.

치하는 자이며, 모든 인간적 가치의 근원이 되는 것을 믿
는다. 또한 우리는 사유로서나 실제생활로나 기도와 묵상
으로 신을 알 수도 있고 믿을 수도 있다는 것을 확인하
며, 예수를 통하여 하나님의 실재와 그 은총이 계시된 것
을 의심치 않는다.[177]

또한 정경옥은 인간의 모든 경험과 자연 속에서 하나님의
실재를 알 수 있다고 말한다. 그는 특수계시뿐만 아니라 일반
계시를 통하여 말씀하시는 하나님의 속성을 강조한다. 많은
사람들이 신은 영적 존재이며 인간 위에 존재하는 초월적 존
재로서 세상과 분리되어 존재하는 것으로 이해한다.[178] 이러
한 이해를 따르게 되면 세상의 구체적인 삶을 하찮은 것으로
여기게 된다. 그러나 정경옥의 신론에 의하면 인간의 모든 경
험과 자연 속에서 발견되는 하나님으로 인하여 인간의 삶은
하찮은 것이 아니라 값있는 삶이 된다. 그러므로 인간은 이러
한 감격에 의하여 멋있는 삶을 살아야 한다. 그는 다음과 같
이 말한다.

---

177) 같은 책, 181~182쪽.
178) 이러한 유일신적 초월적인 하나님 이해는 캐서린 켈러(Catherine
　　 Keller), 로즈매리 류터(Rosemary Radford Ruether) 등 여성신학자
　　 들이 비판하는 신론 이해이다. 강남순, 『현대여성신학』, 대한기
　　 독교서회, 1994, 121~122쪽.

우리는 사람의 고귀한 이성을 믿고 우리의 직각(直覺)
과 의지와 감정과 그 외에 모든 경험을 통하여 실재를 인
식할 수 있는 것을 믿는다. 그러므로 하나님의 진리와 능
력이 풍부하게 나타나 있는 이 세상에 살고 있는 우리로
서 하나님을 알 수 있다는 것이 결코 기괴(奇怪)한 일이
아니다. 우리는 자연계에 나타나 있는 우주적 목적이나
인류 역사에 표시된 이상의 진전을 보아서라도 영원히
살아 계신 하나님의 실재를 볼 수 있을 것이다.
그러나 우리의 경험을 통하여서 하나님을 인식할 수
있는 것보다 하나님께서 먼저 우리에게 자기를 계시하셨
다는 것을 잊지 않아야 한다. 우리가 하나님을 알기 전에
먼저 하나님께서 우리를 아셨다. 우리가 하나님을 찾기
전에 하나님께서 우리를 찾으셨다.[179]

그는 자연계를 통해서 계시하시는 것을 강조했다. 그러나
이것보다도 하나님께서 먼저 우리를 찾아오시는 예수 사건을
더 강조하였다. 정경옥은 감리교 신학자로서 하나님의 인간을
향한 사랑에 근거한 선행적 은총을 강조하였다.

하나님의 순수애에 의한 창조적 계시가 아니고는 인간
은 인간의 정체를 알 수가 없는 동시에 하나님의 개념에

---

179) 정경옥, 『기독교의 원리 외 3종』, 32~33쪽.

도달할 수가 없다. 이러한 하나님의 순수애를 동기로 하
여서 하나님의 계시를 보고, 이에 놀라며 경배하고 감격
의 생활을 하는 것이 곧 종교인 것이다.180)

정경옥은 기독교 신론의 근본정신을 이해하려면 먼저 히브
리-유대 사상을 바로 이해해야 한다고 하였다. 이 사상은 윤
리적 신론, 유일신론, 초월적 신론, 인격적 신론이다. 정경옥
에 의하면, 신약의 신론은 그들의 깊은 체험을 떠나서는 이해
할 수 없다.

예수를 따랐던 사람들의 실제적 종교생활에서 마음속
에 깊이 느껴진 것을 그대로 자연스럽게 서술하여 둔 것
이었다. 말하자면 약동하는 생명의 요구, 감격, 정열, 그
리고 곡직(曲直)의 기록에 암시 혹은 예상되어 있는 삶의
배경에 그들의 신론이 전제되어 있다고 말할 수 있다. 그
러므로 우리는 그들의 깊은 생의 경험을 떠나서 그들의
신론을 이해할 수 없다. 그들의 신은 모든 의미가 있는
생의 출발과 근원인 동시에 모든 고상한 생활과 이상의
표시였다.181)

---

180) 같은 책, 33쪽.
181) 정경옥, 『기독교신학개론』, 186쪽.

　예수의 신론에 의하면 하나님은 모든 인류에게 무한히 은혜로우시고 사랑을 베푸는 아버지가 되시고, 모든 인류는 다 하나님의 창조하심을 받아 하나님의 형상을 입어 하나님의 자녀가 되는 성격과 직임을 실현할 가능성이 있다. 사랑의 하나님은 예수의 경험과 교훈에 의한 것이며, 보편적이며 우주적인 사랑이다. 그리고 하나님의 사랑은 도덕의 본원이며 극치이다. 예수의 하나님은 인류의 실생활과 역사의 과정에 내재하셔서 모든 선한 사업과 목적을 위해 활동하시고 인간의 최고의 도덕적 이상을 완전히 성취하도록 하시는 도덕적 신성을 소유하신 거룩하신 하나님이다.

> 예수께서 믿으신 하나님은 철학의 절대보다 좀 더 생명적이었고, 과학의 원인보다는 좀 더 인격적이었고, 윤리학의 지상선보다는 더욱 친밀한 것이었습니다. 예수는 하나님을 아버지라고 불렀습니다. 하나님을 아버지라고 부르는 그곳에는 진리가 냉정한 객관적 사실로보다도 우리의 생명의 사실과 밀접한 인격적 관계를 가지고 계신 실재를 의미한 것입니다.[182]

　신의 실재와 속성에 대한 우리의 개념은 결국 신에 대한

---

[182] 정경옥, 「예수의 사상」, 『신학세계』 제21권 제1호, 1936, 61쪽; 정경옥, 『정경옥 교수의 글모음』, 549쪽.

경험에 의하여 우리의 마음 가운데서 결정된다. 우리의 신 개념은 이것이 전적으로 계시이면서도 그 계시가 계시에 대한 인간의 요구와 평가에 의하여 우리에게 확인된 것임을 잊어서는 안 된다.[183] 정경옥은 하나님은 능력과 목적과 가치가 되신다고 하면서 다음과 같이 총괄한다.

> 하나님은 모든 생명과 존재의 근원이 되시고, 모든 것이 그에게 의존되어 있으나 그는 자기 이외에 다른 아무 것에도 의존하지 않았으며, 그가 모든 것 안에 운동하심으로 말미암아 이를 질서 있는 한 우주가 되게 하시고, 그의 선은 완전하고 인간의 절대복종을 요구하시며 혹 어떠한 희생과 노고가 있어야 하는 때가 있을지라도 이 세상을 선의 최후 목표로 이끌어 나아가실 자력이 있다는 것이다.[184]

마지막으로 삼위일체론을 살펴보자. 정경옥은 기독론에서 삼위일체론을 다루었다. 존 웨슬리는 '삼위일체'라는 용어를 성서에 없다는 이유로 신중하게 사용했다. 정경옥도 삼위일체론을 다루는 처음에 "성서에는 '삼위일체'라는 말이 없다. 그러나 여기저기 있는 말씀을 합하여 보면 삼위일체의 사상이

---

183) 정경옥, 『기독교신학개론』, 217~218쪽.
184) 같은 책, 222쪽.

명백히 암시되어 있는 것이 사실이다(엡 4:5; 마 28:19 참고)."
라고 했다. 정통주의 교의학에서는 삼위일체론을 기독교 신론
의 핵심으로 보아 교의학 앞부분에서 비중 있게 논의하나[185]
정경옥은 마지막에서 다루었다. 삼위일체론을 책의 끝에 다룬
것은 슐라이어마허의 『신앙론』의 구조의 영향인 것 같다.[186]
슐라이어마허 이후 현대 신학자들은 삼위일체론을 아무 의미
도 없는 사변으로 간주하는 경향이 있어 왔다. 현대 신학은
바르트에 의하여 삼위일체에 대한 새로운 관심을 갖게 되었
다.[187] 윌리엄스(R. D. Williams)는 "바르트는 20세기 교의학
자들 가운데 삼위일체 교리를 신학 전체를 위한 초석으로 제
시하려 했던 거의 유일하며 독보적인 신학자였다."고 하였다.
　정경옥은 삼위일체론을 정당하게 이해하려면 역사적 방법

---

185) 심광섭, 『신학으로 가는 길』, 222쪽.

186) F. Schleiermacher, *The Christian Faith*, 738~751쪽 참조

187) 현대 신학자들 중 삼위일체론에 강한 영향을 끼친 신학자로는
　　 칼 바르트, 칼 라너, 위르겐 몰트만, 에버하르트 융엘 등이며, 현
　　 대 신학에서 삼위일체 르네상스에 결정적으로 기여한 책은 다
　　 음 세 권의 책이다. 레오나르도 보프의 『삼위일체와 사회』
　　 (*Trinity and Society*, Orbis, 1988), 캐서린 라쿠나의 『우리를 위한
　　 하나님』(*God for Us: The Trinity and Christian Life*, Harper & Row,
　　 1991, 이세형 교수에 의해 번역되어 가톨릭출판사에서 곧 출간
　　 될 예정이다), 존 지지울러스의 『연합으로서의 존재』(*Being as
　　 Communion*, St. Vladimir's Seminary Press, 1985)이다. 로저 올슨
　　 ·크리스토퍼 홀, 이세형 옮김, 『삼위일체』, 대한기독교서회,
　　 2004, 145~146쪽.

과 철학적 방법을 고려해야 한다고 한다. 그는 무엇보다 삼위일체론은 본래 교리화하고 이론화하기 전에 먼저 생명이 있는 경험이었기 때문에 우선 경험적 방법을 사용하지 않으면 안 된다고 한다.

2) 기독론

정경옥의 기독론은 『기독교신학개론』과 『그는 이렇게 살았다』, 그리고 『기독교의 원리』에서 볼 수 있다. 『기독교신학개론』의 신학 본론에서 정경옥은 신론, 인간론, 죄론, 구원론, 기독론을 다루면서 신과 인간 사이의 죄로 인해 구원이 불가능하였는데, 하나님과 인간 사이의 화해, 그리고 구원이 그리스도로 인하여 가능하다며 기독론을 정점으로 변증법적 구조로 논하였다.

감리교 '교리적 선언' 제2조는 예수 그리스도의 성육신, 스승과 모범, 대속자와 구세주가 되신 예수 그리스도에 대한 믿음에 대한 것이다. 정경옥은 그리스도의 인격과 사역을 구분하는 전통적 기독론을 따라 성육신을 그리스도의 인격으로, 나머지를 구속의 사역으로 구분하되 스승과 모범에서 예수의 사상과 생활을, 죽음에서 대속자 되심을, 부활에서 구세주가 되심을 세분하여 그리스도의 사역인 구속을 설명한다. 전통적 기독론이 성육신, 십자가와 부활을 중심으로 교리화하고 형이상학화한 예수의 신성과 대속에 지나치게 치중하였으나 역사적 예수[188]를 강조하는 19세기 신학의 영향을 받은 정경옥은

---

188) 역사적 예수 연구는 네 단계로 구분할 수 있다. 1단계는 역사적 예수의 옛 물음(old quest)이다. 라이마루스(H. Reimarus), 슈트라우스(B. F. Strauss), 알브레히트 리츨이 이 단계의 대표적 학자다. 2단계는 역사적 예수의 붕괴(no quest)이다. 리츨의 제자인 바이스(J. Weiss)와 슈바이처(A. Schweitzer)가 대표적이다. 이 단계는 역사적 예수 연구의 파산선고나 다름없었으며 루돌프 불트만에 의하여 역사적 예수 자체가 불가능한 논제가 되었다. 3단계는 역사적 예수의 새 탐구(new quest)이다. 불트만의 제자들인 케제만(E. Käsemann), 보른캄(G. Bornkamm), 푹스(E. Fuchs), 에벨링(G. Ebeling), 제임스 토빈슨(J. Robinson), 콘첼만(H. Conzelmann) 등에 의해 일어났으며, 역사적 예수와 케리그마의 그리스도 사이의 연속성을 주장한다. 4단계는 역사적 예수의 제3의 탐구(N. T. Wright), 또는 예수 르네상스(M. Borg)이다. 예수 세미나 회원들인 크로산(J. Crossan), 펑크(R. Funk), 맥(B. Mack)은 지혜의 교사로서의 예수상을, 호슬리(R. Horsley), 타이센(G. Theissen), 피오렌자(E. S. Fiorenza)는 사회 변혁가로서의 예수상을, 라일리(G. Riley)는 그리스적 배경에서 예수상을, 샌더스(E. P. Sanders)와 버미스(G. Vermes)는 유대교적 배경에서 예수상을, M. 보그는 영에 충만한 카리스마적 인물로서 전복적인 지혜자요 유대교의 변혁자로서의 예수상을 보려고 하였다. 심광섭, 『기독교 신앙의 아름다움』, 315~322쪽; 김진호 편, 『예수 르네상스』, 한국신학연구소, 1996, 15~37쪽; 게르트 타이센·아네테 메르츠, 『역사적 예수』, 다산글방, 2001, 29~44쪽; 톰 라이트, 박문재 옮김, 『예수와 하나님의 승리』, 크리스챤다이제스트, 2004, 29~207쪽 참조. 한국 신학계에 역사적 예수 연구서들을 소개하는 데 '한국기독교연구소'를 통하여 감리교 신학자들이 많이 참여하는 것은 정경옥을 잇는 학문적 계승 작업이라고도 볼 수 있다.

'예수의 생애'(탄생, 사역, 십자가, 부활)의 관점에서 그리스도를 고백한다고 심광섭은 해석한다.[189]

정경옥에게 예수를 믿는다는 것은 첫째, 예수께서 가르치신 교훈과 사상에 공명하여 예수주의자가 된다는 말이다. 둘째, 예수를 근본삼아 그 탁월한 인격의 감화를 받는 것이다. 셋째, 예수께서 우리에게 맡기신 거룩한 사역을 닮는다는 것이다. 넷째, 예수로 말미암아 하나님의 구속하심을 얻는다는 것이다. 정경옥은 그리스도의 역사적 사실에 유의해야 기독교의 핵심을 알게 되고, 기독론의 정확한 파악이 신학의 정확한 이해라고 주장한다. 그의 기독론의 출발은 역사적 사실에 근거한 예수의 삶이다.

정경옥에 의하면 예수는 감정을 가지고 고통과 고난을 손수 당하고 이해하는 철저한 인간이었다. 그래서 그는 "우리는 예수의 완전한 인간성을 인정하지 않고 예수의 신성을 이해하지 못할 것이요, 예수의 신성을 믿지 않고 그의 인간성의 극치를 깨닫지 못할 것이다."[190]라고 말한다. '그리스도의 사실'을 잘 이해하려면 예수의 역사적 배경을 잘 알아야 한다.[191] 예수도 진공에서 존재한 것이 아니라 시대의 사람이었다.

---

189) 심광섭, 「정경옥의 복음주의적 성(生/삶)의 신학」, 3쪽.
190) 정경옥, 『기독교의 원리 외 3종』, 59~62쪽, 68쪽.
191) 정경옥, 『기독교신학개론』, 441쪽.

정경옥은 예수의 이상과 예수의 생활이 일치했다고 본다. 예수는 그 자신이 이상을 따라서 살았다. 그러므로 그는 "내가 곧 길이요 진리요 생명이라." 하고 말할 수가 있었다. 예수는 실생활의 거리에서 풍부한 생명을 다른 사람에게 나누어 주려는 생활을 하였다. 특별히 예수의 위대한 인격은 하나님을 의뢰하고 복종하는 생활에 나타나 있다. 예수의 일거일동엔 다 하나님의 영이 가득히 차 있었다.[192] 그는 겸비, 의뢰, 복종의 태도를 가지고 모든 것을 하나님께 맡기며 모든 것을 하나님에게서 얻었다. 예수는 하나님과 인격적 관계를 끊은 때가 없었다.

정경옥은 예수의 생활과 인격이 우리의 유일한 모범이라고 한다. 그는 첫째로 모든 사람의 친구가 되신 예수, 둘째로 예수의 가장 자신 있는 겸비, 셋째로 예수의 충성과 열정을 배워야 한다고 말한다.

실존적 경험을 강조한 신학을 전개했던 정경옥은 '경험의 그리스도'에서 사도 시대의 종교사상의 발전을 이해하려면 그들의 사상을 구성한 세 가지 요인을 성찰해야 한다고 말한다. 첫째로 기독교의 역사적 배경이었던 종교와 철학 사상과 환경의 영향, 둘째로 이러한 환경에서 자라난 기독교의 역사

---

192) 하나님의 영에 충단한 사람으로 보는 마커스 보그의 예수상과 같다.

적 사실인 예수의 생활과 교훈, 셋째로 '예수의 종교'에 기초
해서 일어난 사도들의 종교경험, 즉 '예수에 관한 종교'에 유
의해야 한다는 것이다. 정경옥은 사도들과 교부들의 사상이
예수의 사상과 교훈을 그대로 반복하는 것이 아니고, 그들이
실제로 경험한 예수 그리스도, 즉 예수로 말미암아 그들의 생
활 가운데 일어난 새로운 종교경험에 기초한 것이었다고 한
다.193) 자신의 생활 가운데 직접 체험한 것이어야 하며 그대
로 반복하는 것이 아니라 창조적이며 계속적인 경험이어야
한다는 것이다.

정경옥은 신약성서 저자들의 종교경험은 사람을 따라서 다
양했다고 한다. 기독교 경험의 첫째 특징은 예수 그리스도 중
심이다. 그들은 환경이 각각 다르고 종교경험이 같지 않았다.
따라서 그리스도를 해석하는 방법과 내용도 같지 않았다. 그

---

193) 정경옥, 『기독교신학개론』, 450쪽. 작년 한국 교회에서 대부흥운
　　동 100주년 기념행사를 치렀다. 한국 교회의 대부흥운동 기념행
　　사에 대하여는 신광철, 「한국 교회는 대부흥운동을 어떻게 바라
　　보고 있는가?」, 『2006년 한국기독교역사학회 학술 심포지엄 자
　　료집』, 한국기독교역사학회, 2006 89~95쪽 참조. 감리교 신학
　　자들은 1907년 대부흥운동의 순기능과 역기능이 있음을 직시하
　　고, 단순한 반복이 아니라 창조적 변혁이 필요한 시점임을 말한
　　다. 그래서 장로교에서 표방하는 'Again 1907'의 복고주의, 과거
　　회귀주의가 아닌 'Beyond 1907'을 말한다. 영적대각성 100주년
　　기념 학술연구회, 『각성·갱신·부흥』, 감리교신학대학교 출판부,
　　2006, 12쪽.

러나 그들의 신앙의 중심과 동력이 되고 그들의 종교의 진수를 형성하는 요점은 예수 그리스도와 내적 관계를 맺는 데 있었다.194) 그래서 정경옥은 "나는 이 시대보다도 예수가 더 요구되는 때가 없었다고 생각한다. 우리는 다시 예수께로 돌아가자. 그를 믿고 그와 생명적 관계를 맺어보자."고 강조한다. 둘째, 기독교의 경험은 개인적으로나 교회적으로 그리스도께서 현존하심에 대한 경험이다. 그리스도는 이제 과거의 기억이나 미래의 희망이 아니라 현재의 생명과 움직이는 힘이다. 정경옥은 지금 여기에서 일상적 삶 속에서 함께하시는 그리스도 경험이 중요하다고 강조하는 것이다. 셋째, 기독교 경험은 그리스도의 능력을 경험하는 것이다. 바울은 그리스도 예수의 정신을 따라 그리스도의 종으로서 온 생애를 살았다. 넷째, 기독교 경험은 그리스도의 내재적 현존에 의한 구속과 용서의 경험이다. 누구든지 진정으로 그리스도를 따르는 사람은 자기의 생활에 그리스도의 구속하시는 능력을 체험하게 된다.

정경옥은 '구속의 그리스도'에서 예수께서 사람을 구속하셨다는 교리만이 기독교에서만 발견되는 독특한 신앙이라고 강조한다. 정경옥은 구속을 다음과 같이 강조한다.

---

194) 정경옥, 『기독교신학개론』, 451쪽.

기독교는 구속의 종교이다. 이 구속의 사실과 경험을 떠나서 기독교가 있을 수 없다. 종교에는 두 가지 종류가 있다. 하나는 율법주의요 또 하나는 복음주의다. 율법주의는 일정한 관례를 규정하고 그 규례의 조목대로 따라서 실행하는 것을 종교의 유일한 임무라고 생각한다. 복음주의는 하나님의 은혜로 용서함을 받고 믿음으로 의롭다 함을 얻어 자유인이 되는 것을 종교의 진수라고 생각한다. 한마디로 말하면 율법주의는 외적으로 결정된 표준을 행하는 것이요, 복음주의는 내적으로 새사람이 되는 것을 목적으로 한다.[195]

복음주의라는 의미를 이렇게 넓은 의미로 사용한다면 한국교회가 하나 되는 데 가능성이 많다. 정경옥에 의하면 기독교는 사회적 이상주의나 수양의 방법에 그치는 것이 아니다. 만일 기독교가 이와 같은 수양의 방편이라면 우리는 동양의 전통적 윤리만으로도 행해야 할 것을 무척 많이 알고 있는 것이다. 정경옥은 구속이 다른 종교와 구별되는 기독교의 독특성이라고 말한다.

정경옥에 의하면 그리스도는 우리에게 이상을 세워주실 뿐 아니라 감응과 능력을 주셨다. 우리는 예수 그리스도로 말미암아 새로운 관계를 회복한다. 예수는 우리의 인격 내부에 통

---

195) 같은 책, 483~484쪽.

일이 있게 하였고, 사회생활에서도 바른 관계를 맺게 하시며 하나님과의 관계에서도 믿음과 경건으로 결합하게 하셨다. 그는 그리스도의 바른 관계를 맺는 것은 오직 예수 그리스도 안에 계시된 신의 능력으로 가능하며, 예수 자신은 하나님의 가장 완전한 계시로서 하나님의 구속하시는 능력의 최고 표현인 것을 역사가 잘 증명하였다고 본다.

이상과 같이 정경옥의 기독론은 예수 그리스도의 전체 삶에 초점을 맞추었고, 구속의 그리스도를 강조하였다. 또한 예수를 이해할 때 인간으로서의 예수를 강조하면서 형이상학적 신성을 부인하고, 인격적이고 실천적인 예수의 사랑과 의의 극치의 모습 속에서 예수의 신성을 찾는 것은 정경옥만의 독특한 기독론이라고 할 수 있다.

3) 성령론

정경옥은 1934년 『신학세계』에 「기독교 성신론」이란 글을 발표하였고, 『기독교신학개론』에서 구원론 중 기독교인의 생활 부분에서 성령론을 다루었다.[196] 이 글은 그가 성령론을

---

196) 성령론은 전통적으로 조직신학에서 독자적인 자리를 확보하지 못했다. 슐라이어마허는 성령론을 「교회의 기원에 대하여」(교회

다룬 논문으로는 유일하지만 당시 신학적 경향에서 보면 상당한 의미가 있다. 왜냐하면 성령론은 현대 신학에서 가장 경시되어 왔던 주제로서 1980년대와 1990년대에 접어들어서 성령론의 물음이 전면에 부각되기 시작했기 때문이다.[197] 베르코프(Hendrikus Berkhof)는 세 가지 이유로 성령론이 기독교 사상사에서 경시되어 왔다고 밝힌다. 첫째, 요한복음 16장 13절처럼 당신 자신을 자기 마음대로 말씀하시려 하지 않는 성질상의 이유이다. 즉, 성령은 우리들의 관심을 예수 그리스도에게 돌리도록 하고 자신을 숨기고 교회와 신자 개인 속에서 역사하신다. 둘째, 성령론을 주장했던 과거의 모든 단체들과 그 주장들이 기성 교회에 의해 이단으로 몰렸던 역사적 이유에서다.[198] 그리고 성령의 현존을 말함으로써 역사적 예수, 성서, 제도적 교회 등의 교리적 고정관념이 무너질지도 모른다는 염려로 성령론은 신학의 역사에서 위험하게 생각되었다. 셋째, 각 교파가 주장하는 성령론의 불일치[199]로 인하여 분파

론)의 '성령의 전달'에서 다루고, 칼 바르트도 『교회 교의학』에서 다른 항목의 부속물로 다루었다. 심광섭, 『기독교 신앙의 아름다움』, 376쪽; F. Schleiermacher, *The Christian Faith*, 560~581쪽; 이은선·이경 엮음, 『이신의 슐리어리즘과 신학』, 종로서적, 1992, 178쪽.

197) 이정배, 『한국적 생명신학』, 도서출판 감신, 1996, 332~333쪽.

198) 몬타니우스주의, 피오레의 요아킴, 재세례파, 퀘이커파, 오순절 운동 등이다.

가 생기고 문제가 야기되었다.[200]

　　정경옥은 성령론의 가치를 경시하고 성령을 미신이나 원시
종교의 접신사상으로 생각하는 것, 반대로 성령을 감정적 흥
분이나 황홀한 종교적 도취로 보는 극단적인 시대적 경향을
통탄하였다. 정경옥은 성령론의 종류를 역사적으로 고찰하고
성령론의 의의와 가치를 말한다.

　　　불행하게도 오늘날 현대 신학의 일반적 경향으로 보면
　　성령론의 가치를 경시하고 있는 것이 사실이다. 기독교를
　　사회사업의 일종으로 보거나 개인 수양의 한 방법이라고
　　생각하는 사람들은 대체로 성령이란 말을 쓰기 싫어한다.

---

199) 동방교회와 서방교회의 분열을 가져온 필리오케(Filioque) 논쟁이
　　있다. 성령은 아버지와 그리고 또 아들로부터(ex Patre Filioque)
　　나온 것인가 아니면 아버지로부터만 나온 것인가? 381년 완성된
　　니케아 콘스탄티노플 신경은 "성령께서 아버지로부터 발현된다."
　　라고만 진술하였다. 그러나 힐라리우스(Hilary of Poitiers)의 진술
　　을 깊이 생각하였던 아우구스티누스는 이중 발현이란 용어로 사
　　유하기 시작했고, '또한 아들로부터의 발현'이란 의미를 갖는 라
　　틴어 용어인 필리오케 교의를 탄생시켰다. 쿠어트 슈미트, 『교회
　　사』, 성서와신학연구소, 2004, 217쪽; 로저 올슨·크리스토퍼 홀,
　　『삼위일체』, 77~79쪽; 염창선, 「초교파적 관점에서 본 성령의
　　본질의 기원에 대한 Filioque 논쟁」, 『한국교회사학회지』 제14권,
　　2004, 121~148쪽 참조.
200) 이은선·이경 엮음, 『이신의 슐리어리즘과 신학』, 173~174쪽.
　　신앙의 주제에 관한 현대 신학자들의 논의 중 성령의 이해만큼
　　다양하고 이해가 상이한 것도 없다. 심광섭, 『기독교 신앙의 아
　　름다움』, 378쪽.

그들에게는 성령이란 술어가 유령(幽靈)에 대한 미신이
아니면 의미가 애매한 원시인의 접신관념(接神觀念)을 표
시하는 말과 같이 생각한다.
　　이 반면에 성령이라면 흔히 감정적인 흥분이나 황홀한
종교적 도취에 의한 하나님의 특별 계시와 같이 생각하
는 사람도 있다.[201]

　성령론은 초월성과 내재성의 문제에 관련되어 있다. 성령
의 관념은 사람의 마음 가운데나 사회의 유기체 안에 내재하
신 하나님에 대한 관념이다. 성령의 경험은 내재신의 경험이
다. 즉, 인간생활 가운데 현존하신 하나님을 말한다.
　정경옥은 도덕적이고 내재적인 신관에 기초한 윤리적인 성
령론을 말한다. 하나님의 초월성을 강조함으로 하나님과 사람
사이의 질적 차이를 주장하는 사람들을 비판한다. 이들에 의
하면 성령은 사람의 마음 가운데 내재하신 하나님이 아니라
하나님께로부터 오는 신비한 능력이라는 것이다. 정경옥은 다
음과 같이 말한다.

　　하나님은 능력과 품성에 있어서는 초월적이다. 그러나
하나님과 사람은 동질의 품격을 소유하였다. 하나님의 영

---

201) 정경옥, 『정경옥 교수의 글모음』, 239쪽.

은 사람의 의식과 인격 내용을 압도하며 무시하는 것이
아니라 사람의 생명을 완성한다. 성령이 임하시는 방법은
기적에 의한 것이 아니요 도덕적 생활의 방법에 의한다.
도덕적 생활이야말로 자연과학이 취급하는 현상에 비하
여서 기적적 사실이다. 그러므로 성령 안에서 우리는 사
람의 생명의 참 뜻을 발견하며 우리가 받은 하나님의 형
상을 회복하고 완성할 수 있다.[202]

정경옥은 성서적 근거로 예언자 이사야, 에스겔 등을 언급
한다(사 11:1~2; 42:1; 사 61:1~2; 겔 37장). 복음서와 바울서
신을 통하여 예수의 영이 성령이며 성령은 자유의 영임을 다
음과 같이 말한다.

복음서 기자의 경험으로는 사랑과 진리와 은혜와 능력
이 가득한 예수의 영이 곧 하나님의 영이었다. 바울도 역
시 "주(예수)는 영이시니 주의 영이 계신 곳에는 자유가
있느니라"(고후 3:17)고 하였다. 즉 "우리 안에 있는 영"
이란 말과 "우리 안에 있는 그리스도"란 말을 같은 의미
로 썼다. 그리스도의 영이란 말은 그리스도의 전 생활에
나타나 있는 종교적이며 도덕적인 정신을 가리킨 말이다.
갈라디아서 5장 16절에는 "내가 이르노니 너희는 성령을

---

202) 정경옥, 『기독교신학개론』, 420쪽.

따라 행하라" 하고 22절에 와서 "오직 성령의 열매는 사
랑과 희락과 화평과 오래 참음과 자비와 양선과 층성과
온유와 절제니 이 같은 것을 금지할 법이 없느니라"고
하였다.203)

　정경옥은 성령의 표시는 특별한 은사나 황홀한 감정이 아
닌 그리스도의 품성을 드러내는 것이라고 하였다. 바울서신을
통하여 성령은 기독교인이라면 누구나 받는 것이드로 기독교
인의 일상생활을 통해 드러난다는 것과, 성령을 독점하려는
사람들을 경계할 것을 다음과 같이 강조하였다.

　바울에 의하면 성령은 특수한 은혜를 받았다고 주장하
는 소수의 사람에게만 국한한 전유물이 아니라 그리스도
를 믿는 사람에게는 누구나 다 받아야 할 하나님의 내재
적 능력이라고 한다(롬 8:9). 기독교인라면 벌써 그리스도
의 영이 그 마음 가운데 내재하여서 사상과 생활의 일체
가 영의 지배를 받는 사람을 말하는 것이다. 우리 가운데
계신 하나님의 영은 기독교인의 전 생활의 근원이 되신
다. 우리가 생활하는 동안에 어쩌한 소부분의 이상하고
특별한 경험뿐만 아니라 우리의 일상생활의 일체를 지키
시는 성령이다. 고원한 이상을 가진 수도원뿐만 아니라

---

203) 같은 책, 421쪽.

평범한 생업에 바쁘게 사는 인간의 거리에 성령은 임재
하여 계신다.[204]

　　정경옥은 성령론의 가치를 다섯 가지로 말한다. 첫째는 신
의 내재성과 초월성에 관한 문제에 관련되어 있다. 둘째, 종
교 일반에 대한 사상과 밀접한 관계를 가지고 있다. 셋째, 자
유와 진보의 요인을 포함한 권위의 원칙에 관련된다. 넷째,
종교의 영적 방면을 강조한다. 형식과 제도에 집착하지 않고
내적 생활과 종교경험에 힘을 얻게 한다. 다섯째, 성령의 은
사는 개인적이고 사회적이다. 성령은 사랑의 영이다. 성령으
로 말미암아 그리스도인들이 거룩한 사랑으로 연합하고 교제
하는 것이다.

　　『기독교의 원리』에 나타난 성령의 사역으로서 지도와 위안
과 힘이 되는 성령을 살펴보자. 성령의 지도는 외적이며 형식
적일 뿐만 아니라 우리 안에 계셔서 우리에게 끊임없는 영감
과 지혜를 주셔서 진리 가운데 거할 수 있게 한다. 고통과 죄
악에 시달린 인간은 하나님의 구원과 위로를 요구하는데 성
령은 위안을 준다. 성령은 우리의 신앙을 일으키시며 지지하
시는 하나님의 권능이시다. 그래서 성령은 인간을 새롭게 하
고, 해방하며 성화하는 영이다.

---

204) 같은 책, 421~422쪽.

이상과 같이 정경옥의 성령론은 인격적이고 윤리적이며 내재적이고 사회적임을 볼 수 있으며 현대 성령론의 입장에서 조금도 손색이 없음을 알 수 있다.

4) 인간론

정경옥은 인간을 통일된 전체로 본다. 그는 인간은 살아 움직이고 있는 생명적 실존이고, 자신에 대한 성찰이 살아 있는, 그리고 살아 있는 것을 향하여 동작하는 것으로 구정한다. 인간은 과학, 예술, 철학적인 시각을 통해서 부분적으로 볼 수 있다. 인간을 온전히 이해하기 위해서는 전체로 보는 종교적인 인간론이 필요하다. 정경옥에 의하면 이러한 인간은 체험이고 사유이다. 정경옥은 다음과 같이 말한다.

> 살아 있는 인간이 그 전체를 발휘하고 자체를 전체적으로 성찰하는 활동을 "체험"이라고 부른다. 그러므로 생의 자성적 체험이란 "인간 자신이 자신을 이해"하려는 시도를 가리킨 말이다. (중략) 그 다음에 이렇기 자성적 성격을 가진 생의 체험은 다시 표현 혹은 사유에 의하여 자신을 현시(顯示)한다. 이것은 말하자면 생의 논리적 규

정이라고도 할 것이다.[205]

정경옥은 생의 부분적인 것이 그 소속한 전체적인 것에 살아 있는 관계를 짓는 것으로 생을 이해하려고 한다. 이것은 정경옥의 종교적 인간론 입장에서 인간생활의 의의를 규정하는 최고·최종적인 방법이다.

정경옥은 인간의 평가는 기독교 사상사를 통하여 끊임없이 성선설과 성악설 사이에서 왔다 갔다 했다고 말하였다. 인간의 고뇌와 비애, 그리고 유한성에도 불구하고, 영원한 자인 하나님 안에서 회복된 인간의 가치는 하나님의 형상대로 지음받은 존엄한 존재라는 데 있다. 인간의 유한성, 추함과 더러움에도 불구하고 히브리 종교는 사람의 지위와 가치를 무시하지 않았다.

정경옥은 신약시대에도 인간의 어두운 면에도 불구하고 인간의 영광스러운 기회와 가치를 더욱 심각하게 깨달았다. 그러나 중세에는 인간의 어두운 면에 집중하였다. 문예부흥 이후 자연과학의 발달은 인간의 이성에 새로운 확신을 주었고 인도적 이상주의는 인간 자체가 사회적 병원(病源)을 극복하여 스스로 운명을 개척할 수 있다는 것을 가르쳐 주었다. 정

---

205) 같은 책, 266쪽.

경옥은 이러한 인간의 현재적 가치에 대한 신뢰에 근거를 두는 현대 신학의 인간론을 따른다.

정경옥은 전통적 인간론인 전적 타락을 비판한다. 전적 타락을 강조하는 것은 창세기에 근거한 것이 아니며, 사람 스스로 어떤 좋은 일도 성취할 수 없으므로 오직 하나님의 은총만이 인류를 죄악에서 구원할 수 있다는 종교적 경험, 신학적 이론이라는 것이다.

> 창세기에는 사람의 거룩한 본성이 범죄함으로 인하여 전혀 없어졌다고 말한 곳이 없다. 사람에게 주신 하나님의 형상을 잃었다는 말도 없다. 이것은 인류 시조의 범죄로 인하여 죄악성을 띤 인간과 존엄하신 하나님 사이에 순전한 대립관계(소외)가 생기게 되었다는 것, 죄악은 생명을 더럽히고 파멸하게 하는 힘을 가지고 있게 되었다는 것이다.[206]

정경옥은 이러한 전통적 인간론이 대부분의 기독교인이 지지하는 것이나, 현대에는 새로운 인간론으로 수정되어야 한다고 주장한다. 바꾸어야 할 이유는 첫째, 현대 학문(인류학, 생물학, 심리학, 사회학 등)의 발달로 인간에 대하여 새로운 지식

---

206) 같은 책, 273쪽.

이 생겼다는 것이다. 둘째, 기독교 인간관이 현대 종교사상의 일반적 변천에 따라 변한다는 것이다.

정경옥은 인간의 죄악성과 무능의 의식이 없으면 구속의 종교를 생명적으로 이해할 수 없다고 본다. 그는 이러한 어두운 심연뿐만 아니라 인간이 새로운 특권과 생명에 들어갈 가능성을 보았다. 정경옥은 인간에 대한 신뢰를 다음과 같이 말한다.

> 그리스도의 복음은 인간과 문명에 대한 불신임이 아니고, 인간의 종말에서 은총의 세계를 찾게 하고 여기에서 다시 인간에게 내려와 인간을 성화(聖化)한다. 그러므로 예수는 사람을 믿었다. 그는 병들고 가난하고 눌림을 당하는 사람들을 믿었다. 간음한 여인을 믿었고 순박한 제자들을 믿었다.207)

정경옥에 의하면, 인간론의 기본 관념 중 하나인 인간의 타락과 무능에 대한 경험을 무시해서는 안 된다. 그러나 인간의 선함 또한 무시해서는 안 된다. 정경옥의 이러한 생각이 아우구스티누스에 대한 비판적 이해를 설명하는 부분에 잘 나타나 있다.

---

207) 같은 책, 275쪽.

우리는 펠라기우스를 지적으로나 종교적으로 타락된
이단의 수령이라고 하는 것보다도 기독교사상사 가운데
한 중요한 단계를 지었다고 할 것이다.[208]

그리스 신학에서는 원죄론이란 것을 찾아볼 수 없다.
(중략) 아우구스티누스는 자기의 원죄론만을 주창하기에
열중하였기 때문에 그리스도께서 이 세상을 구원하셨다
는 교리는 종속적으로 생각하게 되었다.[209]

정경옥의 「나의 신조」 중 인간에 대해 기술한 부분이다.
"사람은 하나님의 창조적 의지의 최고 표현으로서 자활적(自
活的) 인격의 소유자이며 그 자체 안에 고귀한 가치와 목적이
있다는 것을 믿는다." 선행은총으로 인간은 성화의 능력을 얻
게 되었다. 정경옥은 웨슬리 신학의 은총의 낙관주의와 현대
신학의 통찰을 통하여 인간의 전적 타락을 인정하면서도 더
커다란 하나님의 은총을 통하여 인간의 책임성을 확보하였
다.[210] 매튜 폭스가 주장하는바 원죄에서 출발하는 것이 아니
라 본래적 '원복(Original Blessing)'에 대해 의미 부여를 해야

---

208) 정경옥, 「성 오거스틴의 초연신관과 이에 관련한 종교 사상에 대
    한 비판」, 23쪽; 정경옥, 『정경옥 교수의 글모음』, 293쪽.
209) 정경옥, 『정경옥 교수의 글모음』, 294쪽.
210) 이정배, 『하느님 영은 불고 싶은 대로 분다』, 한들출판사, 1998,
    51쪽.

하는 시대에 정경옥의 인간론의 통찰은 현대 신학에 주요한 신학 원천이 되리라 생각한다.[211] 창조의 축복을 강조하는 것은 원죄를 부정하자는 것이 결코 아니다. 오히려 죄성을 강조하며 교회의 권위로 인간을 억압하고 인간의 존엄과 창조의 선함을 상대적으로 약화시킨 교회사의 문제점을 바로잡는 것이다.[212]

마지막으로 하나님의 형상에 대한 정경옥의 이해를 보자. 첫째, 우주의 영원한 목적에 나타난 신의 창조적 활동이 인격적 실존의 이유에 표시되어 있다. 둘째, 사람의 인격에 가장 귀한 가치와 가능성이 있다. 셋째, 사람은 하나님과 같이 교제하고 신령한 체험을 할 수 있다.[213] 정경옥은 명시적으로 제시하지는 않지만 현대 신학에서 하나님의 형상의 의미로 강조하는 다스림[214]에 대해서도 언급하였다.

---

211) 폭스를 중심으로 원복을 강조하는 신학 유형을 창조 중심적 영성/신학이라 한다. 매튜 폭스, 황종렬 옮김, 『원복』, 분도출판사, 2001; 김순현 옮김, 『영성 : 자비의 힘』, 다산글방, 2002; 송형만 옮김, 『우주 그리스도의 도래』, 분도출판사, 2002 참조.
212) 정미현, 「상실된 창조의 본래적 선을 찾아서: 켈트 영성과의 관련성에서 본 펠라기우스 이해」, 『조직신학논총』제6권, 2001, 213~236쪽 참조
213) 정경옥, 『기독교신학개론』, 288쪽.
214) 왕과 같은 존재로, 다른 피조물을 다스릴 책임과 역할이 주어졌다는 것이다. 김이곤, 『신의 약속은 파기될 수 없다』, 한국신학연구소, 1979, 99~109쪽; 박준서, 『구약세계의 이해』, 한들출판사, 2001, 34~37쪽; 크리스토퍼 라이트, 김재영 옮김, 『현대를 위한

정경옥의 인간론은 인간의 죄성을 간과하지 않으면서도 인간의 책임성을 강조하는 웨슬리 신학과 동방 정교회 전통으로부터 균형적인 인간론을 제시해 주므로 현대에도 끊임없이 참고할 가치가 있다.

5) 구원론

정경옥은 구원론이 기독교 사상의 중심이라고 본다. 구원은 기독교뿐만 아니라 모든 종교의 핵심이다. 그는 구원을 일상생활의 모든 것의 참된 의미를 찾고 이것을 실현하는 것이며, 인간의 경험을 통하여 표현되며 하나님께서 주시는 은사라고 본다.[215] 그는 구원을 관계적으로 이해하는데, 하나님, 사람, 그리고 자연과의 바른 관계 정립이 요청된다. 신앙의 사람은 창조자이신 하나님과 원만하고 바른 관계를 가짐으로써 이 세상의 모든 관계를 의미 있게 할 수 있다. 구체적인 구원의 의미로서, 그는 하나님과 사람 사이에 맺어지는 관계는 생명과 생명의 접촉이요, 의지와 의지의 결합이라고 한다. 그리고 현대 기독교 교회가 종교의 근본 의의가 구속에 있다

구약윤리』, IVP, 2006, 161~166쪽 참조.
215) 정경옥, 『기독교신학개론』, 349쪽, 354쪽.

는 것을 더욱 심각하게 깨달아야 한다고 주장한다. 종교는 움직이는 것과 쉬는 것이 있다. 움직이는 것은 종교의 도덕적인 것이고, 쉬는 것은 종교의 도덕 초월적인 것이다. 예수와 신약성서에도 이러한 두 가지 측면이 나타나 있다.

> 예수께서도 항상 제자들에게 도덕적 교훈을 주시고 또 힘을 다하여 율법을 지키라고 권고하셨으나 예수의 가르침에는 도덕적 교훈을 뛰어넘는 초월한 면이 있었다. 예수께서 우리에게 가르치시려고 하신 것은 율법의 강요보다도 은총의 선포였다. 그는 오로지 하나님의 나라가 임박하였다는 것을 전하였고, 회개하여 그 복된 소리를 믿으라는 것을 반복하셨다.
> 신약 전체를 총괄하여 보더라도 종교의 이 두 가지 방면이 명료하게 표시되어 있다. 신약에는 고상한 도덕적 이상주의가 있다.[216]

정경옥은 현대에 구원을 바로 천명하기 위해서는 첫째, 인간의 현실을 있는 그대로 이해해야 한다고 주장했다. 즉, 인간론에 대한 바른 이해가 있어야 구원의 의미를 깨달을 수 있다는 것이다. 신인본주의는 사람의 내적 소질을 강조하였고, 바르트 신학은 파괴된 인간성을 강조하였으나 모두 다 극단

---

216) 같은 책, 349~350쪽.

에 치우쳤다.[217] 둘째, 모든 참되고 근본적인 종고경험이 다 하나님에게서 온다는 것을 확실히 하여야 한다. 인간 중심적 입장에서의 분석과 통찰을 중요하게 보지만 순서에서 하나님의 은총을 강조하는 정경옥의 신학적 입장이 잘 드러나 있다.

정경옥은 믿음으로 구원을 얻는다는 복음주의의 약점을 지적한다. 복음주의는 일반적으로 일시적 감정이나 기분에 흐르기 쉽고, 변혁적 중생의 체험을 강조하나 기독교의 실천적 지향이나 생활의 구체적 규정에 대하여는 등한시하는 경향이 있다.[218] 따라서 복음주의자들의 구원은 적극적으로 생활을 계발하는 것보다 소극적으로 형벌의 기피를 도모하는 경향이 강하고, 개인의 구원만을 강조하고 구원의 사회적 의미를 경시한다는 것이다. 이에 비해 정경옥은 첫째, 구원의 현재적 측면을 강조한다. 이것은 구약성서와 신약성서의 하나님의 나라가 바로 현재를 중요하게 보았다는 것에 근거하였다.[219] 둘

---

217) 신인본주의는 인간문명의 정신을 그대로 이상화하고 종교화한 것으로, 하나님의 계시를 부인하고 인간에게만 신념을 둔다. 또한 하나님의 섭리와 성령의 능력과 구속의 은혜를 얻지 못한다. 정경옥, 「신인본주의 비판」, 『신학세계』 제20권 제5호, 1935, 16쪽, 23~24쪽; 정경옥, 『정경옥 교수의 글모음』, 309쪽, 316~317쪽.

218) 정경옥, 「현대신학의 과제」, 『신학세계』 제24권 제3호, 1939, 9쪽; 정경옥, 『정경옥 교수의 글모음』, 363쪽.

219) 성서는 구원을 현재의 경험으로 이해한다. "회개하라, 하나님 나라가 가까이 왔다." 구원이 미래에 완성되는 것이기는 하지만, 지금 여기에서부터 시작되는 것이라고 복음서는 증언한다.

째, 적극적인 노력을 강조하면서 새(재)창조로서의 구원을 말하였다.[220] 현재 감리교 신학자들은 '예수 믿으면 구원받는다'라는 좁은 의미의 속죄론(내세지향적)에서 과연 '예수가 주는 구원이 이 땅과 이 역사에 무엇이냐?'라는 새창조론(현세지향적이고 종말론적 완성)으로 바꾸어서 구원론을 종합적으로 생각하고 실천해야 한다고 말한다.[221]

> 기독교의 구원은 행위의 개선보다도 먼저 인간의 재창조이다. 이것은 먼저 사람의 밑바닥을 흔들어 새것으로 만들어 주고 여기에서 새로운 세계를 보고 새로운 인간을 성취하도록 하는 필요한 준비와 내실을 준다.[222]

셋째, 도덕적인 것을 강조한다. 구원을 요구하는 상태도 도덕적이요, 구원의 이상도 도덕적이요, 구원의 방법도 역시 도덕적인 것을 강조한다. 넷째, 총체적 구원으로서 개인의 구원뿐만 아니라 사회적 구원을 포함해야 한다. 또한 심령적일 뿐만 아니라 지식, 감정, 육체, 물질적 필수에까지 이르도록 원만한 축복을 바라는 것이다. 정경옥이 현재적 구원, 새창조로

---

220) 현대 감리교 신학의 새창조에 관해서는 테오도어 러년, 『새로운 창조』를 참조.
221) 심광섭, 『기독교 신앙의 아름다움』, 369~375쪽.
222) 정경옥, 『기독교신학개론』, 360쪽.

서의 구원, 도덕적 구원, 사회적 구원을 주장하였는데 이는 21세기 현대 신학이 고민하며 주장하는 내용들로서, 그의 신학적 통찰력이 얼마나 예민하고 시대를 앞서가는지를 보게 하는 것들이다.

정경옥은 신앙을 첫째, 하나님의 은총에 대한 인간의 감응 또는 응답을 하는 태도, 둘째, 하나님의 자비와 은혜에 대한 신뢰의 태도, 셋째, 생의 능력으로 보았다. 하나님의 은총과 인간의 응답으로서 신앙에 대하여 말함으로 신인협동설(Synergism)인 감리교의 구원론에 충실하게 해설하였음을 볼 수 있다.

정경옥은 성화의 삶을 강조한다. 기독교는 계속적 훈련과 수양을 통하여 인격의 원만하고 정당한 발달을 도모해야 한다. 그래서 그는 교육적 방법에 의한 계속적인 인격의 수양을 강조한다.

중생은 하나님께서 사람의 인격에 작용하시는 재창조의 거룩한 일이요, 회심은 신의 재창조의 활동에 대한 인간적 반응과 그 결과이다. 회심은 첫째로 신뢰의 태도, 둘째로 종교적 통찰력, 셋째로 가장 구체적이요 정확한 도덕적 성격의 설정이다. 정경옥은 꾸준한 인격의 수양이 필요하며 근본적으로 변화하고 성장, 성숙해야 한다고 다음과 같이 달한다.[223]

회심은 죄를 이기는 승리의 경험이다. 영계의 신비를 발견하는 경이와 환희이다. 꾸준한 도덕적 훈련과 노력이 없이는 참으로 가치 있는 회심의 경험을 얻기 어렵다. 회심은 인격의 변천과 발달을 신의 제2의 창조적 은총의 입장에서 말하는 관념이기 때문에 우리가 회심의 경험을 가진다는 말은 죄 가운데 있는 우리의 인격 전체가 하나님의 영원하신 목적을 따라 근본적 변혁을 일으키고 하나님의 선하신 경륜을 따라 계속적으로 성장하고 성숙하는 것을 지시함이다.224)

기독교의 근본 목적은 사람이 하나님의 거룩하심과 같이 거룩하게 하는 것이다. 그러므로 성결이 우리의 생활의 목표가 되어야 한다. 성결의 성질은 그리스도의 정신과 속죄의 능력으로 말미암아 적극적으로 새로운 도덕적인 생명을 나누어 얻는 것이다. 존 웨슬리는 기독교적 사랑이 성결의 진수라고 하였다.

정경옥은 사회적 구원이 현대에 와서 발견된 것이 아니고, 히브리 종교에서는 사회 구원이 주도적이고 개인 구원은 2차

---

223) 이정배는 퇴계의 경(敬)사상과 성학십도(聖學十圖), 그리고 동학의 시천주(侍天主) 사상을 통하여 '마음을 다하여' 수행할 것을 주장한다. 이정배, 「퇴계의 경사상과 창조영성」, 「동학적 세계관과 수행론의 기독교적 이해」, 『한국 개신교 전위토착신학 연구』, 대한기독교서회, 2003, 341~361쪽, 383~422쪽 참조.
224) 정경옥, 『기독교신학개론』, 363쪽.

적이라고 한다. 그는 사회 구원을 천국으로 표시한다. '천국'은 '하나님의 통치'로 번역해야 뜻이 더 명확하다. 예수와 바울도 모든 악이 소멸되고 의와 사랑이 승리를 얻는 새로운 세계가 도래할 것을 기대하였다. 요한의 계시록은 하나님께서 새 하늘과 새 땅을 지으시고 하나님이 인간과 함께 거하시며 그들이 하나님의 백성이 되어 눈물과 사망과 고통을 맛보지 않을 것을 은유와 상징으로 말하였다. 초대 교회도 일반적으로 이러한 이상을 지니고 있었다.

정경옥은 인류가 날이 갈수록 하나의 거대한 조직체가 되어 가는 것을 직시하였다. 지구촌으로 밀접하게 연결된 인간 생활에 작용하는 종교는 사회적 역할을 잘 감당하는 사회적 구원을 위해 노력해야 한다는 것이다.

정경옥에 의하면 천국은 첫째, 하나님의 뜻이 이루어진 상태이다. 둘째, 인류가 필요로 하는 최고 가치를 대표해야 한다. 셋째, 우리의 생활에 필요한 모든 조건이 최대한도에서 적당한 방법에 의해 공급되어야 하는 사회이다. 그러나 이것을 인본주의로 오해하거나 현재만의 구원을 말하는 것으로 오해해서는 안 된다. 그는 항상 양극을 지양하고 잘못된 견해의 수정된 입장을 강조하면서 자신의 신학을 전개하기 때문이다.

종교에서 우리가 가르치는 구원관은 무엇보다도 먼저 하나님께 대한 신앙을 기초한 사회적 희망이다. 하나님이 계시고, 하나님이 도와주신다는 믿음이야말로 우리의 삶을 확실하게 하고 생명 있게 만든다.

어떠한 사회가 새로운 정신을 가지고 부활하려면 그곳에는 비상한 노력과 희생이 요구되었던 것이다.[225]

정경옥은 구원론에서 개인 구원과 사회 구원, 하나님의 은총과 인간의 책임을 균형 있게 조화시키고 성화와 성결을 강조했으며, 현재의 복잡한 인간의 삶 속에 실현되어야 함을 주장하였다.

6) 기독교윤리

정경옥은 윤리적·도덕적 종교를 강조하고 윤리적 생활을 강조하였다. 그는 기독교의 구원관이 인격의 혁신과 발달에 대한 문제를 포괄해야 한다고 하면서 기독교인의 생활의 교육적 의미를 강조한다. 그러면서 훈련, 즉 윤리적 삶이 없는 복음주의의 약점을 지적한다.

---

225) 같은 책, 390쪽.

복음주의는 용서의 은총에 대한 감격과 신앙의 경험을
역설하였으나 종교 교육에 의한 인격의 점진적 발전에
대하여서는 거의 관심을 가지지 않았다는 데 있다 우리
게 전향은 있었으나 훈련이 없었던 것이다.[226]

정경옥은 성화를 강조하는 감리고 신학 전통 위에 서서 생
활의 윤리를 강조한다. 그는 성화를 '그리스도를 따르는 사람
의 성격과 생활이 죄악에서 완전히 벗어나서 그리스도의 정
신과 생활과 이상대로 하나님의 영원하신 뜻을 우리의 생명
과 생활에 완전히 실현한 상태'라고 말한다. 구원의 경험은
개인의 구속의 경험에서 시작하여 사회를 변혁하고 이 세상
이 하나님의 나라가 되도록 끝까지 애쓰고 분투하는 것이다.
예수는 인간의 도덕적 이상과 도덕적 성취의 극치이다.[227]
정경옥은 현대의 구원론이 일반적으로 도덕적 측견을 강조한
다고 한다. 구원을 요구하는 상태도 도덕적이요, 구원의 이상
도 도덕적이요, 구원의 방법도 역시 도덕적이다.[228] 개인의
삶의 변화, 다음으로 사회의 변혁. 마지막으로 하나님 나라의
완성이 온다. 그는 도덕적으로 구원의 완성을 추구한다.

---

226) 같은 책, 370쪽.
227) 정경옥, 「구속의 경험론적 비판」, 『신학세계』 제19권 제6호,
    1934, 26쪽; 정경옥, 『정경옥 교수의 글모음』, 275쪽.
228) 정경옥, 『기독교신학개론』, 360쪽.

　　사회적 구원은 사람을 위하여 인간 사회에 임하는 것
이기 때문에 역사적 과정을 밟아서 실현된다는 것을 잊
어서는 안 된다. 천국은 마치 겨자씨가 발육하고 성장하
는 것과 같다. 이는 사람의 땀이 배이고 눈물이 섞여 있
는 노력과 분투를 요구한다.[229]

　　정경옥은 성령론을 「기독교인의 생활」에서 다룬다. 기독교
인의 생활은 하나님께서 그의 성령을 통하여 우리 가운데 살
아 계시는 생활이다. 그러므로 기독교인의 생활은 내가 무엇
인가라든가, 내가 무엇을 할 수 있는가 하는 문제보다 하나님
의 영이 우리 가운데서 무엇을 하셨으며 또 무엇을 하실 것인
가 하는 것이 중심이라는 것이다. 정경옥은 성령의 내재를 통
한 윤리적 생활을 강조한 것이다.

　　정경옥은 「기독교의 윤리관」이라는, 개릿 신학교의 윤리교
수인 얼 횟처취의 논문을 번역하여 소개하였다. 그는 사회복
음주의의 영향으로 강한 사회적 관심을 강조한다.

　　사람은 개성을 가진 동시에 또 사회성을 가지고 있다.
사람은 개성의 측면으로 볼 때에는 잡다와 창조와 자유
가 있고, 사회성의 측면으로 볼 때에는 통일과 보존과 제

---

229) 같은 책, 390쪽.

약이 있다. 사람을 개성의 관점에서만 이해하려고 하면
개인주의(Individualism)에 빠지게 되고, 사회성의 관점에
서 이해하려고 하면 전체주의(Totalitarianism)에 기울어진
다. 우리는 이 양자 중에 어느 입장을 취하느냐 하는 것
이 죄의 전파와 결과, 종교의 본질, 구속의 범위, 천국의
의미 등, 여러 가지 신학의 중심 사상에 관계되는 바가
크다.[230]

정경옥은 둘을 균형 있게 말하나, 개성을 강조하는 경향이
지배적인 상태에서 사회성을 동시에 언급하는 것은 결국 사
회성을 강조하는 것이다.

사람은 사회적 환경을 가지고 있어서 언어, 풍속, 지
식, 그리고 사고의 형식까지도 사회적으로 전승한 것이
요, (중략) 나는 내가 나 자신을 이해하기 전에 벌써 무의
식적으로 타(他)의 존재를 인정하고 있다. 즉, 나의 나 된
것은 벌써 타의 존재 안에서 기초가 잡혀 있다는 것이다.
내가 나를 의식할 때에 나는 "나와 타인"의 상의성(相依
性)에 의하여 관계 맺어진 것이다.[231]

정경옥은 인간이 사회적 연락·친교 관계에서 그 개성을 발

---

230) 정경옥, 『기독교신학개론』, 305쪽.
231) 같은 책, 306쪽.

휘함으로써 사회를 개성화하는 동시에 개성을 사회화하게 된다고 주장한다. 그는 중생의 체험이 있을지라도 사회 구조의 문제가 해결되지 않으면 안 된다고 다음과 같이 말한다.

> 비록 우리가 중생의 경험을 얻는다 할지라도 경제적으로나 사회적으로 현대적 환경과 기구가 우리를 제압하여서 중심에서 살아 보려는 결의와 용기를 막아 버리고 있다. (중략) 오늘날 우리에게는 개인의 심령을 새롭게 하고 생명 있게 만드는 복음이 있어야 하는 동시에 사회의 기구와 이상을 바로잡는 사회적 복음도 있어야 할 것이다.[232]

정경옥은 요한복음을 기독교 신학의 대요라고 하고 요한의 묵시를 기독교 정치 대요라고 한다면, 요한1서는 기독교 윤리의 대요라고 말한다.[233] 사도 요한은 하나님을 사랑이시며 의로우시다고 하였다. 사랑이 없는 정의가 없고 정의가 없는 사랑이 없기 때문에 정의와 사랑은 한 가지 사실을 두 가지 다른 술어로 표시하는 데 불과하다는 것이다. 사랑과 정의는 하나님의 근본되는 속성이며 기독교윤리의 기초이다. 정경옥은

---

232) 같은 책, 381쪽.
233) 정경옥, 「요한1서 강해(1회)」, 『신학세계』 제18권 제1호, 1933, 85쪽; 정경옥, 『정경옥 교수의 글모음』, 14쪽.

하나님의 자녀인지 아닌지는 그 열매로 안다며, 의인이 되자고 다음과 같이 말한다.

> 오늘날 성경에 능통한 마귀의 자식이 얼마나 많이 교회의 안과 밖에 활보하고 있는가? 교회의 규칙을 잘 알고 의식을 잘 지키는 악마의 자식이 아름다운 말로 강단에서 소리치고 있는 때도 없지 아니하다. 의인이 되자. 의를 위하여 주리고 목마른 사람이 되자.[234]

모든 인류가 어떠한 방법으로든지 서로 사랑하여서 한 덩어리가 되는 것이 천국의 이상이다. 사랑의 교훈은 사도 요한이 가장 힘 있게 강조하는 것이다.[235] 요한1서는 하나님의 자녀 된 자의 생활을 의와 사랑과 신앙의 세 가지 과제로 설명하려는 것이다. 요한에 의하면 인류애는 하나님의 정의에 토대하지 않으면 진정한 사랑이 되지 못한다. 박애가 없는 경신(敬神)은 허위일 수 있고, 또한 경신이 없는 박애는 부도덕이 되기 쉽다. 사랑과 믿음과 의는 완전히 일치된다.[236]

정경옥은 기독교윤리를 신학과 뗄 수 없는 관계로 강조하

---

234) 같은 책, 63쪽.
235) 같은 책, 65쪽.
236) 정경옥, 「요한1서 강해(10회)」, 73쪽; 정경옥, 『정경옥 교수의 글모음』, 93~94쪽.

였다. 사랑과 믿음과 정의의 일치를 강조하였으며, 개인 윤리
와 사회 윤리를 동시에 강조하였다. 그는 감리교 신학자로서
성화의 삶을 강조하였다.

7) 과학과 신학

정경옥은 자연과학을 긍정적으로 받아들이는 자유주의 신
학 입장에 있다.[237] 그가 전적으로 진화론을 수용하는 것은
아니다. 그는 기독교가 진화론을 반대하는 이유를 세 가지로
설명하였다. 첫째, 진화론은 성서에서 가르친 진리와 배치되
기 때문이다. 둘째, 진화론은 신학 전체에 대하여 자연적 규
범을 적용하여 신의 초자연적 능력이나 종교 경험의 초자연
적 요소를 부인하거나 경시하는 경향이 있다. 셋째, 진화론은
신의 형상을 입은 사람과 사람의 지배를 받아야 할 동물이 동
일한 근원에서 발생하였다고 하여 사람을 동물과 동등의 지
위에 두거나 사람의 가치를 떨어뜨리는 경향이 있다.[238] 정경

---

237) 자유주의 신학은 신앙의 개방성, 관용성, 이성의 강조, 그리고 교
    조주의적 전통에서의 자유의 추구를 그 특징으로 한다. 그래서 자
    유주의자들은 교회와 과학의 화해를 추구하여 성서에 대한 고등
    비평과 진화이론을 받아들였다. 자유주의자에 대한 반동으로 생
    겨난 근본주의자들은 고등비평과 진화이론을 받아들이지 않는다.

옥은 진화론에 대해 다음과 같이 말한다.

> 과학의 입장으로 보아 진화는 한 가지가 아니고 여러 가지일 것이다. (중략) 그러나 철학의 입장에서 진화론을 고찰하면 이것은 문예부흥 운동 이후의 이상주의가 인류에게 보내어 준 선물이라고 할 수 있을 것이다. (중략) 진화론은 모든 경험 현상 사이에 일관된 계속성을 발견하고 여기에 역사적 관련을 지어 보려는 것이다. (중략) 우리가 진화의 사실이나 진화의 원리를 충분히 인정하고라도 이것이 우리의 종교생활이나 신 개념에 아무런 충돌이나 지장이 되지 않는 것을 쉽게 알 수 있다.[239]

그는 현대 진화론이 우리에게 주는 종교적 가치를 두 가지로 설명한다. 첫째로 현대 진화론은 신의 창조의 능력과 섭리의 목적을 자연과 역사의 과정을 통하여 더 정확하게 깨닫게 한다. 둘째로 진화의 사실은 하나님께서 성장과 발달의 법칙으로 이 세계와 인간을 다스리고 있음을 보여 준다. 현대 신학에서의 계속적 창조(creatio continua)를 말하는 것이다.

정경옥은 과학과 신학의 관계를 대화와 통합의 관계로 본다.[240] 영의 세계와 물질의 세계를 구분하는 초자연주의와 자

---

238) 정경옥, 『기독교신학개론』, 247쪽.
239) 같은 책, 248~249쪽.

연주의는 다 잘못된 생각에서 출발한다는 것이다. 초자연주의
자들은 초자연이 올 때 자연을 무시하고, 자연주의자들은 자
연적 설명을 할 수 있는 것이면 그곳에는 초자연이 있을 수
없다고 생각한다. 그러나 이 세상은 존재의 세계인 동시에 의
미의 세계이다. 즉, 물질의 세계인 동시에 영의 세계인 것이
다.[241]

　이어서 그는 우주의 합리성에 대한 신념이 기적에 대한 문
제를 생각하게 한다고 하면서 기적에 대한 상이한 태도를 열
거하고 기독교가 믿는 종교적 기적에 대해 두 가지 특징을 지
적한다. 첫째로 기적은 역사적인 사실이다. 기적은 사실 안에
있는 하나님의 역사 또는 하나님의 역사 안에 있는 사실을 의
미한다. 둘째로 기적은 과학의 지식으로 설명할 수 없는 초자

---

240) 이언 바버(Ian G .Barbour)는 과학과 종교(신학)의 관계를 갈등,
　　독립, 대화, 통합 이론의 네 가지 유형으로 분류한다. 존 호트
　　(John F. Haught)는 영문자 C로 시작하는 갈등(Conflict), 대조
　　(Contrast), 접촉(Contact), 긍정확인(Confirmation) 이론으로 분류
　　한다. 이언 바버, 이철우 옮김, 『과학이 종교를 만날 때』, 김영사,
　　2002, 19~22쪽. 존 폴킹혼(John Polkinghorne)은 종교와 과학 사
　　이의 간학문적 대화의 커다란 두 흐름으로 공명(consonance)과
　　동화(assimilation)로 구분한다. 동화는 종교가 거의 전적으로 과
　　학의 목소리에 동참, 흡수된다는 의미에서, 공명은 좀 더 비판적
　　견지에서 상호 분야의 특수성과 일반성의 합리적 조화의 견지에
　　서 이루어진다는 점에서 구분된다. 강윤구, 「과학시대의 기독교
　　변증」, 『세계의 신학』 2000년 봄호, 227쪽.
241) 정경옥, 『기독교신학개론』, 250~251쪽.

연적 현상이다. 기적은 정당한 의미에서 이해하면 과학이 취급하는 존재의 규범 아래 속한 것이 아니라는 것이다. 즉, 기적은 과학의 영역이 아닌 '의미'의 규범 아래 속해 있기 때문에 과학적 해석을 규정하려는 것은 무의미하다는 것이다.[242]

정경옥의 과학과 신학의 관계를 보여 주는 번역 글이 「물(物)의 언어」이다. 현대 과학은 우주 가운데 인간의 생명보다 더 고귀하고 중한 것이 없다는 우리의 신념에 ·지식'이라는 것을 더하여 주었다. 즉, 우리는 더 큰 신앙을 얻게 된 것이다. 과학이 우리에게 신앙의 의미를 더 분명히 가르쳐 주었고, 창조주와 인간의 관계를 더욱 선명하게 보여 주었다는 것이다. 그는 과학과 종교의 관계를 다음과 같이 말한다.

> 우리들이 연구한 과학이 만물의 배후에 '대지(大智)'가 운동하신다는 신념과 모순도며 충돌되는 것이 하나도 없었다. 과연 과학이 우주의 법칙을 더욱 깊이 고찰할수록 이지적 신성을 더욱 밝히 깨닫게 된다. 그러므로 과학은 하나님을 믿지 못하게 하는 것이 아니라 더욱 밀접한 관계를 맺게 하는 것이다. (중략) 과학은 우리의 고상한 영적 생활과 종교적 생활을 계시하여 주는 것이라고 할 수 있을 것을 믿는다.[243]

---

242) 같은 책, 256~257쪽. 기적에 대한 이러한 설명만을 놓고 보면 독립의 관계로도 볼 수 있다.

한국 교회와 신학계에서 과학과 신학의 만남이란 문제는 아직도 갈등상태에 있고 대화가 부족한 상황이다.[244] 1930년대의 정경옥 당시의 생각보다도 못한 경우를 볼 수 있다. 한국 교회와 신학계에서는 과학과 신학의 만남의 문제에서 정경옥의 신학으로부터 좋은 모범을 보고 배우면서 통찰을 얻어 현대 지성인에게 변증하는 신학을 할 필요가 있다.

243) 미가엘 푸틴, 정경옥 옮김, 「물의 언어」, 『신학세계』 제13권 제1호, 1928, 58쪽; 정경옥, 『정경옥 교수의 글모음』, 426~427쪽.
244) 한국 신학계에서 과학과 신학의 대화 분야에서 이정배, 곽노순, 김흡영, 심광섭, 김균진, 신준호, 이상성, 문영빈, 현우식 등이 새로운 과학이론과 신학 작업을 연결하는 일을 수행하고 있다. 이정배, 『토착화와 생명문화』; 이정배, 『한국적 생명신학』; 『선한 벗들과 함께 신학하기』, 한들출판사, 2000; 심광섭, 『기독교 신앙의 아름다움』; 곽노순, 『우주의 파노라마: 21세기를 향한 과학과 종교』, 도서출판 네쌍스, 1994; 김흡영, 『현대과학과 그리스도교』, 대한기독교서회, 2006; 이상성, 『우주의 진화와 하느님』, 한국신학연구소, 2005; 김균진, 『자연환경에 대한 기독교 신학의 이해』, 연세대 출판부, 2006; 김균진·신준호, 『기독교 신학과 자연과학의 대화』, 대한기독교서회, 2004; 미하엘 벨커·존 폴킹혼 엮음, 신준호 옮김, 『종말론에 관한 과학과 신학의 대화』, 대한기독교서회, 2004; 현우식, 『과학으로 기독교 새로 보기』, 연세대 출판부, 2006 참조. 창조과학에 대한 명료한 비판은 선한용, 「창조냐, 진화냐?: 창조과학회의 배경과 그 비판을 중심으로」, 『기독교사상』 1997년 12월호, 52~72쪽 참조. 최근 창조과학을 주장하던 초기 멤버였던 양승훈에 의해 창조과학회의 짧은 창조(지구의 연대가 6,000년이라는 주장)에 대한 논쟁이 시작되었다. 『복음과 상황』 2008년 4월호, 210쪽 참조.

5. 정경옥과 한국 교회

1) 감리교 신학의 정립

미국 내 정치 상황 때문에 남북으로 나뉘어 한국 선교를
추진하던 미감리회와 남감리회는[245] 선교 초기부터 한국 교
인들에게서 합동 요구를 받았다. 특히 1903년 원산부흥운동
으로 교회 일치운동 분위기가 고조되면서 감리교회만이라도
단일 교회를 만들자는 운동이 일어났다. 비록 그 당시 단일
교회는 이루어지지 못했으나 두 감리교회 선교부는 교육과
의료 사업, 신학교와 목회자 양성을 연합으로 추진하게 되었

---

[245] 남감리회의 한국 선교는 미감리회보다 10년 늦은 1895년에 윤치
호의 요청으로 리드(C. F. Reid) 선교사가 한국에 파송되면서 시
작되었다. 이때 미감리회에서 남감리회를 위해 선교 부지를 알선
해 주고, 김흥순, 김주현 등 전도인을 리드 목사에게 보내 돕게
하였다. 유동식,『한국 감리교회의 역사 I』, 503쪽. 남·북 감리회
특히 남감리회의 한국 선교 과정에 대하여는 이덕주,『종교교회
사』, 도서출판 종교교회, 2005, 39~92쪽 참조.

다. 그러다가 3·1운동 이후 다시 두 교회의 합동 운동이 본격 논의되기 시작하였다. 그리하여 1924년 두 감리교회의 '교회 진흥방침연구회'를 중심으로 하여 교회 합동이 본격적으로 논의되었다. 1925년에는 '남북감리교 연합기성위원회'를 조직하여 교회 합동을 위한 실무 작업에 착수하는 한편, 미국의 교회 총회에 합동 승인을 요청하였다. 그 결과 1928년 5월 미감리회 총회와 1930년 5월 남감리회 총회에서 승인을 받아 1930년 12월 2일 서울 냉천동 감리교신학교에서 '기독교조선감리회' 창립총회가 조직되었다.[246]

두 교회가 합동하여 '자치교회'로 출발하면서 한국 감리교회는 신앙고백으로 '기독교조선감리회 교리적 선언'을 채택하였다.[247] 8개조로 된 이 선언은 1930년 9월 24일 결성된 남·북 감리교 합동전권위원회의 '교리적 선언과 교리와 장정(헌법) 제정준비위원'(웰치, 김종우, 양주삼, 홍병선)에 의해 마련된 것이다. '교리적 선언'의 초안은 웰치(H. Welch) 감독이 영문으로 마련한 것을 양주삼 목사가 한글로 번역하였다. 웰치 감

---

246) 이덕주, 「한국 감리교회 신앙과 신학 원리에 대하여: 1930년 「교리적 선언」과 정경옥의 『기독교의 원리』를 중심으로」, 『신학과 세계』 통권 제44호, 2002, 108쪽.
247) "진정한 기독교회, 진정한 감리교회, 조선적(한국적) 교회" 수립이 기독교조선감리회 창립 이념이자 한국 감리교회의 지향 목표이며 '교리적 선언'의 신학적 바탕이었다.

독이 초안하고 양주삼 목사와 홍병선, 김종우 목사 등 한국인들과 논의하여 마련된 '교리적 선언' 초안은 미감리회 조선주재 감독 베이커(J. C. Baker)와 합동 전권위원회에서 제기된 일부 수정을 거쳐 다른 '교리와 장정'과 함께 1930년 12월 2일 총회에 제출되었다. '교리적 선언'에 대한 토의와 통과는 총회 둘째 날인 12월 3일 오전에 시작되어 하루를 넘겨 12월 4일 오전에 통과되었다.

1930년 기독교조선감리회 조직과 함께 나타난 '교리적 선언'은 한국 감리교회의 신앙과 신학적 바탕을 '보편적 기독교'와 '웨슬리의 감리교회' 전통에서 찾고 있는데, '온건 복음주의'로 표현할 수 있는 신학적 입장이 근본주의적 보수주의 신학이 주류를 이루고 있던 1930년대에는 '진보적 자유주의'로 인식될 수 있는 충분한 가능성이 있었다.248)

정경옥은 감리교신학교 교수로 취임한 이후 신학교 강의뿐만 아니라 여러 모임에 참석하여 서양의 현대 신학과 감리교 신학을 소개하고 정리하였다. 감리교 서울지방 교역자회의에서 1930년 5월에 강연한 것이 "감리교 신학의 특징"이다.

정경옥은 교리를 강조하지 않는 것을 감리교 신학의 첫 번째 특징으로 꼽았다. 감리교회의 첫 번째 중심사상은 다음과

---

248) 이덕주, 「한국 감리교회 신앙과 신학 원리에 대하여」, 118~119쪽.

같다.

> 감리교회의 중추사상은 "거룩한 신의 힘을 받아서 하
> 나님과 의식적이며 인격적인 관계를 지어 가지고 완전한
> 생활을 하여 봉사적 사업을 하는 데 있다"고 합니다. 예
> 수께서나 예수의 제자들이 종교란 것은 제도나 의식이나
> 교리나 신조인 것보다도 하나님 안에서 힘과 기쁨과 평
> 화를 누리는 생활 그것인 것을 깨달은 것과 같이 웨슬리
> 선생이나 그의 동지들도 역시 종교란 것은 신경을 외운
> 다든가 회장이나 위원장을 선정하는 기관인 것보다도 실
> 제로 내가 체험하여야 할 생활 그것인 것을 깊이 깨달았
> 습니다. 감리교 신학사상의 중추가 곧 여기에 있습니
> 다.[249]

교리나 신조, 의식과 제도의 종교가 아니라 '체험의 종교',
'생활의 종교'라는 점을 감리교의 특징으로 강조하였다.

두 번째 특징은 구원에 대한 관념이다. 웨슬리는 예정론과
하나님의 절대 주권과 인간의 전적 부패를 말하는 칼뱅주의
를 반대하고 하나님의 무한하신 사랑이 사람의 도덕적 자유
의지에 흘러서 이루어지는 구원론을 말하였다는 것이다.

세 번째 특징은 내가 받은 은혜가 족한 대로 다른 사람에

---

249) 정경옥, 『정경옥 교수의 글모음』, 399쪽.

게 그 은혜를 나누어 주는 것이다.

> 웨슬리는 교리를 가지고 이렇다 저렇다 시비할 필요가
> 없었고 당파를 지어 싸울 겨를도 없었습니다. 웨슬리는
> 자기가 받은 은혜를 민중에게 나누어 주어야겠다는 것을
> 깊이깊이 깨달았던 것입니다.[250]

1930년대 감리교회는 감리교인을 대상으로 '고리적 선언'을 쉽게 해설함으로써 감리교의 정체성을 밝힐 필요가 있었다. 특히 '교육적' 기능을 가진 '교리적 선언'에 더한 교육 교재의 필요성이 대두되었다. 1930년대에 접어들어 한국 교회는 신학 문제로 여러 형태의 갈등과 분쟁을 경험하였다. '여권 문제 사건'(1934), '창세기 모세 저작 부인 사건'(1934), 그리고 '아빙돈 성경주석 사건'(1935) 등은 주로 장로교회 간에서 일어났다. '성경은 정확무오한 하나님의 말씀'이라는 신조로 표현되는 장로교회의 근본주의적 정통신학에 대하여 해외 유학을 하고 돌아온 진보적 자유주의 신학자들의 도전으로 빚어진 사건들이었다. 특히 '아빙돈 성경주석 사건'은 감리교회와 장로교회 신학의 차이를 극명하게 보여 준 것으로 보수적 장로교회에서는 감리교회의 신학을 전위적 자유주의 신학으로 해

---

250) 같은 책, 402쪽.

석하여 '이단적' 요소를 지닌 경계 대상으로 보기 시작했다. 이에 한국 감리교회의 신학이 '개신교회 역사와 신학 전통'을 계승한 보편적 기독교 전통에 서 있음을 변증할 필요가 있었다.[251] 이러한 동기에서 나온 것이 정경옥의 『기독교의 원리』 (1935)이다.

『기독교의 원리』는 감리교회의 신앙고백인 '교리적 선언' 에 대한 교육적 해설과 대외적인 신학적 변증의 성격을 갖고 있다. 『기독교의 원리』의 신학적 입장은 '교리적 선언'을 작성한 웰치와 양주삼의 신학적 입장과 이를 해설한 정경옥의 신학적 입장이 복합적으로 나타나 있다.

이덕주는 『기독교의 원리』에 제시된, 정경옥이 말하는 감리교 신학의 원리를 두 가지로 설명한다. 첫째, 신학적 자유주의이다. '신학적 자유주의'는 서양의 '자유주의 신학'과 구별된다. 감리교회는 기독교의 보편적 진리에 대한 자유주의적 도전은 용납하지 않는다. 다만 학문의 방법론에서 교조적이고 배타적인 보수적 입장을 지양하고, 시대와 상황에 유연하게 대응하는 열린 신학을 지향한다는 의미이다.[252]

정경옥은 『기독교의 원리』의 내용인 '교리적 선언'의 제정 목적은 "우리가 오늘날까지 확실히 믿어 오는 교리를 시대의

---

251) 이덕주, 「한국 감리교회 신앙과 신학 원리에 대하여」, 124~125쪽.
252) 같은 책, 126~127쪽.

형식에 의하여 선언하려고 함에 불과하다.”고 밝힌다. 경험의 내용인 복음에 대한 이성적 설명으로서 교리와 신학의 자유주의적 입장을 분명히 하였다.

둘째, 탈교파주의적 에큐메니즘(Ecumenism)이다. 이 책의 내용이 한국 감리교회의 ‘교리적 선언’ 해설임이도 제목을 『기독교의 원리』로 표기한 것에서도 한국 감리교회가 보편적 기독교 전통을 추구하고 있음을 밝히려는 의도가 있음을 알 수 있다. 이 책의 의도는 감리교회의 교리와 신학적 특징을 밝혀 다른 교파와 구별하고 평가하는 데 있지 않았다. 오히려 개신교의 ‘보편적 진리’를 시대적 상황에서 새롭게 정리하는 것이 목적이다.253)

『기독교의 원리』의 서술 방법론에는 서로 상반된 두 가지 개념을 대비하며 그 둘을 조화의 개념으로 종합하려는 시도가 많이 발견된다. 정경옥은 이 책에서 세 가지 조화 구조 속에서 한국 감리교회 신학의 자리를 찾고 있다.

첫째, 경건주의(pietism)와 복음주의(evangelicalism)의 조화다. 감리교회는 종교 경험과 선교정신을 동시에 강조한다. 경건주의는 ‘영적이며 도덕적 생활에 기초한 인격적 종교’를 지향한다. 이는 제도적 기독교나 교리적 기독교와 구별된다. 경건주

---

253) 같은 책, 128쪽.

의는 감리교에서 첫째 조건으로 하고 있는 중생의 체험에서 출발하므로 '체험' 중심이 된다. 반면에 복음주의는 '구속의 경험을 다른 사람에게도 전하는' 선교 의식에 근거한다.

둘째, 교리와 경험의 조화이다. 감리교회의 특징은 감리교회만의 교리를 고집하지 않는 데 있다. 영국 감리교회와 미국 감리교회는 독자적인 교리나 신조를 제정하지 않고, 영국 성공회의 39개조 '종교강령'을 축소 조정하여 채택하였는데, 교리를 고집하지 않는 입장을 볼 수 있다. 굳이 감리교회의 교리를 밝히라면 웨슬리의 말처럼, "회개를 전제로 하고 성결을 결과로 하는바 믿음으로 구원을 얻는다."라고 할 수 있다. 그러나 감리교회가 반(反)교리주의나 무교리주의를 지향하거나 교리 자체나 그 교육을 부정하지는 않는다. 교리의 기능이 있음을 인정한다.254)

셋째, 2중 구조 속에 나타난 조화이다. 그는 '교리적 선언' 8개 조를 전반 4개 조, 후반 4개 조로 나눈다. 전반 4개 조는 하나님과 하나님의 은총에 관한 것으로 하나님과 인간 사이의 인격적 관계를 표현하고 있다.

정경옥은 계시와 자연, 믿음과 실천, 종교 경험과 합리적 이성, 개인 구원과 사회 구원이라는 상반되는 개념을 조화,

---

254) 같은 책, 129쪽.

연결시키려는 입장이었고, 이는 곧 '교리적 선언'을 채택한 한국 감리교회의 신학적 입장이었다. 또한 존 웨슬리가 영국 성공회의 신학 원칙인 중도의 방법으로 잘 조화, 융합하여 자신의 신학을 형성했던 것과 비슷하다.

정경옥은 『기독교의 원리』를 통하여 한국 감리교 신학을 정립하였으며,[255] 종교 체험을 바탕으로 하며 열린 자세로 기독교의 보편적 진리를 추구하고 진보적으로 신학하는 감리교 신학의 전통을 확립하게 하였다.

2) 한국 신학사의 원류

유동식은 1968년 『기독교사상』에 '한국신학의 광맥'이라는 제목으로 신학자들을 다루기 시작하여, 『한국신학의 광맥』에서 한국 신학사상사의 연대를 구분하고, 시대적 특징 및 대표적 신학자들의 신학사상을 분석하였다. 그는 신학사의 구체적

---

255) 정경옥의 『기독교의 원리』 이후 한국 감리교에서 홍현설이 '교리적 선언'을 분석 정리하여 『우리가 고백하는 신앙』(감리회 총리원, 1968)을, 홍정수가 감리교 신학을 재해석한 것을 「제2부 감리교 신학」, 『감리교 교리와 현대신학』(세계신학연구원, 1989)에서 다루었다. 그리고 이정배가 '교리적 선언'을 「감리교 신학의 미래」, 『토착화와 생명문화』(종로서적, 1991)에서 현대 신학적으로 새롭게 해석하였다.

자료를 구성하는 '신학지(神學誌)'를 중심으로 한국 신학사상
사를 제1기 한국 신학의 태동기(1900~1915, 『신학월보』 시대),
제2기 한국 신학의 발아기(1916~1927, 『신생명』 시대), 제3기
한국 신학의 정착기(1928~1939, 『신학세계』와 『신학지남』 시
대), 제4기 한국 신학의 혼란기(1940~1956, 『십자군』 시대), 제
5기 한국 신학의 개화기(1957~1972, 『기독교사상』 시대), 제6기
한국 신학의 전개기(1973~1982, 『신학사상』 시대)의 여섯 기간
으로 나누었다.256) 정경옥은 박형룡, 김재준과 함께 자유주

256) 유동식이 한국 신학사를 정리한 후, 송길섭은 『한국 신학사상사』
　　에서 해방 이전까지의 내용을 '포괄적 민족사관'의 입장에서 정
　　리하면서 한국 신학의 내용인 기독교 신앙운동의 흐름을 개인
　　구원 신앙 중심의 보수주의와 민족 구원 신앙 중심의 자유주의
　　신학으로 이원화하여 해석하였다. 한숭홍은 『한국 신학사상의
　　흐름(상, 하)』에서 계보별로 한국 신학사를 다룰 것을 제시하였
　　다. 주재용은 1980년대 '민중사관'의 입장에서 교회사를 해석하
　　는데, 『한국 그리스도교 신학사』(대한기독교서회, 1998)에서 한
　　국 신학사를 5기로 나누어 정리하였다. 이덕주는 「한국 교회사
　　입장에서 본 한국 신학사상사 서술 문제」, 『한국기독교와 역사』
　　(통권 제12권, 2000)에서 한국 신학사는 기독교라는 '일반적'이
　　고 '보편적'인 가치가 한국이라는 특수 상황에 수용·해석·적용
　　되는 과정과 그 결과물에 대한 종합적 분석으로 해석되어야 함
　　을 주장한다. 한국 교회의 신학사상은 세계 신학의 '보편적인'
　　전통과 연결되면서 동시에 구별되며, 한국의 토착 종교 문화 전
　　통과도 연결되면서 동시에 구별되는 '제3의' 전통을 수립하게 된
　　다. 그는 한국 교회 신학사를 총체적으로 이해하고 분석할 수 있
　　는 새로운 사관으로 '토착교회사관'을 제시하였다. 이덕주, 『한
　　국 토착교회 형성사 연구』, 한국기독교역사연구소, 2000 참조
　　그 외 한국 신학사를 분석한 것들로는 한국종교학회, 『해방 후

의, 근본주의, 진보주의로 상징되는 한국 신학의 3대 초석이
며, 3기 한국 신학의 정착기의 대표적 신학자이다.

정경옥은 감리교신학교 교수로 가르치면서 3기 한국 신학
의 정착기의 신학지인 『신학세계』에 1932년부터 1936년,
1939년에 걸쳐 78편의 글을 싣는다. 그는 『신학세계』에 자신
의 여러 글이 실리게 되었을 때 어떤 곳은 '정경옥', 어떤 곳
은 자신의 호인 '철마', 어떤 곳은 '편집인'으로, 어떤 곳은
'원현학인(圓峴學人)', '원현거사(圓峴居士)', '원현인'으로, 그
리고 어떤 곳은 '옥주인(옥주는 진도임)'으로 표기했다.

정경옥은 1932년 「위기 신학의 요령」에서 한국인으로는 처
음으로 바르트 신학을 체계적으로 소개했고 1936년 「위기신
학 사상의 연구」에서 바르트 신학을 상세히 해설하였다. 김철
손은 칼 바르트와 에밀 브루너를 말하지 않고는 신학을 할 수
없는 때에, 정경옥이야말로 위기 신학을 이해하고 올바로 소개
한 1인자라고 하였다.[257]

정경옥은 「기독교 신학 사상의 추향」이라는 번역 글에서

50년 한국 종교 연구사』, 창, 1997; 한국기독교학회, 『한국기독
교학회 30년사』, 대한기독교서회, 2001; 김경재, 「한국 신학의
태동과 흐름」, 『기독교사상』 2002년 2월호; 김경재, 『아레오바고
법정에서 들려오는 저 소리』, 69~77쪽; 이화여대 한국문화연구
원 편, 『신학연구 50년』 등이 있다.
257) 김철손, 「정경옥과 성서연구」, 24쪽.

아우구스티누스 신학에 대한 비판과 동방 교부에 대한 새로운 관심을 소개하였다. 「현대 미국 신학 사상의 추향」이라는 글에서는 현대 미국 신학자 10명의 사상의 대요를 간단하게 소개하였다. 정경옥은 종교철학, 종교심리학, 성서비평, 성서 강해, 교회사 등 신학과 종교의 모든 분야에 걸쳐 사상적 동향을 당시 한국교회와 신학계에 소개하였다.

정경옥이 가장 크게 기여한 것은 『기독교신학개론』을 통해서 조직신학 책을 한국인으로서 처음으로 체계적으로 저술하였다는 것이다.258) 정경옥은 이 책에서 존 웨슬리와 슐라이어마허, 리츨, 해리스 롤, 칼 바르트, 라우센부쉬, 포이어바흐, 키에르케고르 등 현대 신학을 적극적으로 수용하면서 현대 철학과 과학을 바탕으로 삼아 한국 신학의 한 과제인 신학의 시대화를 이루었다. 시대화는 기독교 신앙의 본질인 복음을 자신의 시대 상황에서 이해할 수 있도록 현대적 언어로 재해석해 주는 것인데, 이를 정경옥이 『기독교신학개론』에서 이루었다.

정경옥은 『신학세계』에 「기독교사상계통」을 6회에 걸쳐 연

---

258) 박형룡의 『기독교근대신학난제선평』(1935)이 보수주의 입장이지만 한국인이 쓴 최초의 조직신학 책이다. 박형룡의 입장은 술이부작(述而不作)의 태도인데, 자기의 신학은 다른 사람들의 화원에서 꺾어 모은 꽃다발이라는 것이다. 유동식, 『한국신학의 광맥』, 227쪽.

재하면서 그리스 교부와 라틴 교부들의 사상을 소개하고 해설하였다. 알렉산드리아와 그리스 신학의 발생을 말하면서 그리스 신학사상이 쇠퇴한 이유는 이교나 영지주의, 마니교의 영향이 아니라 신학사상에 지적 활동과 지적 자유가 없어졌기 때문이라고 하면서 신학적 자유를 강조하였다. 특히 라틴 교회에서 지식과 기독교 신앙 사이의 관계가 없다는 것, 철학은 모든 악의 근원이라고 한 것은 유의해야 한다고 보았다.

정경옥은 알렉산드리아의 클레멘스[259]에 대하여 「기독교사상계통」 한 회에 걸쳐 상세히 다루었다. 그리스 교부들의 비조인 그를 상세히 다룬 것은 정경옥이 그리스 교부에 강한 호감을 갖고 있었던 것과, 그들의 사상에서 많이 영향을 받은 데서 비롯되었다. 클레멘스가 기독교를 믿게 된 동기는 기독교의 고상한 윤리관과 실제생활의 변혁에 있다고 해설한 것

---

259) 클레멘스는 알렉산드리아에서 기독교로 개종한 스토아 철학자 판테누스에게 갔고, 그의 사후에 그를 이어 '요리문답학교'의 교장직을 수행하였다. 그의 여러 저술은 거의 잃어버렸고, 세 권의 문서인 『그리스인들을 향한 권고』, 『교사』, 『양탄자』가 남아 있다. 아돌프 리터, 공성철 옮김, 『고대교회』, 한국신학연구소, 2006, 175쪽; 필립 샤프, 이길상 옮김, 『니케아 이전의 기독교』, 크리스챤다이제스트, 2004, 676~677쪽. 정경옥이 클레멘스에 대해 쓴 글이 우리말로 나온 것 중에서 클레멘스를 가장 자세히 소개한 것으로 생각된다. 대부분의 교회사 책은 알렉산드리아 학파를 소개하면서 클레멘스를 조금 언급하고 오리게네스를 더 많이 언급한다. 김광식이 번역한 캄펜하우젠의 『희랍 교부 연구』의 클레멘스 항목이 긴 편인데, 정경옥의 것이 이보다 더 길다.

인데, 이는 정경옥 신학이 실제 생활에서의 윤리와 성화를 강
조하는 것과 일치된다.[260]

　정경옥의 교회사에 대한 깊은 이해와 해박한 지식은 윌리
스턴 워커의 『기독교사』(1933) 번역으로 나타났다.[261] 그는
조직신학뿐만 아니라 교회사 분야에서도 당시 한국 신학계에
혜성처럼 나타나 정확한 소개와 설명을 제시하였다. 이 책은
강근환, 민경배, 박대인, 이영헌에 의해 편역되어 『세계기독교
회사』(1975)가 나오기까지 40여 년간 국내 신학교의 교재로
쓰였다.[262]

　정경옥은 조직신학자로서 교회사뿐만 아니라 성서에 대한
깊은 이해를 바탕으로 신학을 전개하였다. 대표적인 것으로
「요한1서 강해」, 「공관복음의 형식비판 연구」, 그리고 「묵상
의 일기」를 들 수 있다. 정경옥의 「요한1서 강해」는 지금의
조직신학자에게, 단순한 설교만 할 일이 아니고, 성서신학자
에게만 맡겨 놓은 성서 강해를 조직신학자의 통찰과 안목을

---

260) 정경옥, 「기독교사상계통(제3회)」, 『신학세계』 제18권 제4호,
　　　1933, 18쪽; 정경옥, 『정경옥 교수의 글모음』, 109쪽.
261) 류형기는 워커의 1926년판을 번역 출판한 『기독교사』가, 출판
　　　자유가 없던 때라 당시 신학교 교장 기이부(E. M. Cable)와 자신
　　　의 이름으로 내게 되었다고 자서전에서 밝혔다. 류형기, 『은총의
　　　팔십오년: 류형기 감독 회상기』, 한국기독교문화원, 1983, 309쪽.
262) 1946년까지 8판이 나왔으며, 평양신학교에서도 신학교 교재로
　　　사용하였다. 윤춘병, 『한국감리교회 출판문화연구』, 302~303쪽.

가지고서 해야 한다는 당위와 필요성을 시사한다. 모든 신학은 성서를 기초로 해서 교회사의 전통과 인간의 경험을 토대로 새롭게 해석하고 성찰하는 이성의 활동이다. 정경옥은 이러한 모든 신학의 원류로서 우리에게 소중한 것을 남겨 주었다. 신학은 성서신학, 조직신학, 역사신학, 실천신학 등 파편적으로 할 것이 아니라 자유롭게 그 경계를 넘나들면서 통째로 해야 함을 보여 주었다. 어떤 면에서 간학문적 대화는 신학 이외의 인문학, 사회과학, 자연과학뿐만 아니라 전통적인 신학 분과 사이에 이루어져야 한다. 한국 신학이 발전하기 위해서는 이제 전공분야의 벽을 허물고 축적된 지식을 상호 소통해야 한다. 요즘 많은 학문 분야에서 그 경계를 재정의하는 일종의 재구획화(reframing)가 이루어지고 있는데, 정경옥은 이러한 신학함의 모범적 선례를 보여 준다. 이제 한국 신학사의 원류인 정경옥의 비빔밥 신학의 강점을 되살려야 할 때다.

3) 토착화 신학의 근원

정경옥은 신학의 과제를 기독교를 자기 시대의 문화형식에 비추어 향토화하고 시대화하는 것으로 제시하였다. 그가 신학의 과제로 제시한 향토화는 오늘의 토착화 신학을 의미한다.

그는 신학의 궁극적 방향이 토착화로 나타나야 함을 주장하였고, 그의 예수전인 『그는 이렇게 살았다』에서 토착화를 실현하였다.

그는 서양의 수도원 운동과는 무관하게 수도를 하고 선교사와 한국인 목사에게 신학 교육을 받지 않고 독자적으로 한국 고유의 전통적 종고 수행 방법을 통해 오직 성경 말씀을 읽고 묵상하였던 이세종에게서 향토화를 발견하였다.

정경옥은 민중의 아픔을 가슴에 안고 참 사랑을 실천한 거리의 성자 방애인[263]에 대해 『그는 이렇게 살았다』에서 다음과 같이 말한다.

> 나는 방애인 양의 죽음을 늘 애처롭게 생각한다. 그의 면영(面影)은 평범하다. 그의 생활은 단순하였고 그의 사업도 빈약한 것이었다. 그는 완전한 사람도 아니었다. 그

---

263) 방애인(1909~1933)은 호수돈 여자고등보통학교를 졸업하고 전주 기전여학교 교사로 부임한다. 그녀는 3년간 평범한 교사생활을 하는 동안 영적 갈증을 느껴 기전여학교를 떠난다. 모교회인 황주읍교회 대부흥회에서 중생체험을 한 후 기전여학교의 부름을 받는다. 방애인은 학생들을 자식처럼 사랑했고, 거리의 걸인들과 병자들에게 관심이 많았다. 그녀는 고아와 거지들의 친구였다. 서문밖교회 옆에 기생들이 살던 집을 구입하여 전주고아원을 설립하기도 했다. 더 자세한 것은 배은희, 『조선 성자 방애인 소전』, 전주유치원, 1933; 이덕주, 『한국 교회 처음 여성들』, 교문사, 1990; 홍성사, 2007 참조

러나 그의 가슴에는 불쌍한 고아들을 볼 때에 뜨거운 사
랑이 불타고 있었다. 자기를 잊고 그 외로운 생명들을 거
두어 보려는 뜨거운 사랑이 그로 하여금 한국의 성자가
되게 한 것이다.264)

한국 기독교의 정체성을 인식하고 주체적으로 한국 신학을
하려는 운동은 1960년대 이후 감리교 신학자를 중심으로 일
어났으며, 이를 '토착화 신학'이라고 부른다.265) 이때 벌어진
토착화 신학 논쟁의 기수인 윤성범, 유동식, 변선환, 김광식,
박봉배는 토착화 신학 1세대로서 한국의 전통 종교, 문화, 사
상을 서양 기독교 방법론으로 분석하는 것을 신학의 과제로
하였다. 이정배, 박종천, 김승철, 김광원, 한인철 송성진, 심광
섭, 이종찬, 이찬수, 장왕식 등 2세대 학자들은 환경, 생명, 통
일 등 정치·사회적 현실 문제를 해결하는 방법론을 서양신학
과 전통 종교 사상에서 찾아 통전시키려고 한다.266)
　이덕주는 한국 토착화 신학이 종교·문화 전통 속에서 기독
교 진리를 해석하고 적용하기 위한 실존적 고민과 관심을 가

---

264) 정경옥, 『기독교의 원리 외 3종』, 358쪽.
265) 토착화 신학의 역사에 대하여는 김광식, 기독교사상 편집부 편,
　　「한국 토착화신학형성사」, 『한국의 문화와 신학』, 대한기독교서
　　회, 1992, 90~99쪽 참조
266) 이덕주, 『한국 토착교회 형성사 연구』, 11쪽.

지고 진행되어 왔지만 주도하는 인물이 모두 조직신학자인 관계로 두 사상을 비교분석하는 방법으로 이루어져 다분히 사변적이고 교회의 현실적 상황과 동떨어진 연구가 되고 말았다고 비판한다. 그래서 그는 토착화 신학이 아니라 '토착신학' 또는 '토착화된 신학'을, 초기 한국 교회사 속에서 자연스럽게 융합되어 형성된 '토착신앙 양태'를 찾아서 제시하였다.267) 그는 대표적인 토착신앙 양태로 사경회, 성경암송 문화, 묵도·묵념, 주일성수, 새벽기도회, 통성기도, 날연보, 성미를 제시한다.268) 이덕주의 이러한 토착교회사관에 의한 연구는 토착화 신학의 지평을 확대, 자연스럽게 소위 '토착화 신학자'의 차원을 넘어 민중의 체험적 신앙에 토대한 현상을 주목하게 하고 현실적 실천의 실례를 보여 준다.

김광식은 토착화를 주제로 삼는 신학만이 아니라 외국 것이라도 우리의 것으로 전유하는 것을 토착화 신학으로 볼 수 있다고 보며 성령의 역사를 강조한다.269) 신학의 지평이 넓게 확대되는 것이다.

서정민은 토착화의 개념을 넓은 지평으로 확장시켜 종교와 문화의 전통이 서로 다른 지역에서 복음이 수용되는 전반적

---

267) 같은 책, 12쪽.
268) 같은 책, 297~299쪽, 302쪽, 327쪽, 367~380쪽.
269) 김광식, 「한국 토착화신학형성사」, 90쪽.

인 적응의 과정 전체를 '토착화'의 과정으로 보는 신학사적 시각을 보여 준다.270) 또한 그는 한국 교회사의 진전과 복음 수용사 속에서 토착화는 토착화대로 이루어졌으나, 초창기 비교종교학적 접근으로 시작한 '토착화 신학'은 천재적 신학자들의 사상 담론으로 진행되어 좁은 개념과 논거를 바탕으로 신학적 사유의 틀 안에서만 맴돌았다고 본다. 그는 이와 같은 괴리 현상을 극복하기 위해서 토착화 신학의 논의 지평을 신학자의 천재성에 종속시키지 않고 우주와 역사를 무대로 활동하는 성령의 능력으로 확장시키고자 하는 시도를 발견할 수 있다고 한다.271) 그는 한국 신학사에서 비교종교, 타종교와의 대화, 종교다원주의와 관련하여 연구되는 좁은 의미의 '토착화 신학'으로는 한국 신학의 모든 형태를 다 설명할 수도, 한국 교회사의 전체적 흐름을 다 포괄할 수도 없었다는 것을 인정할 수밖에 없다. 그러나 토착화 신학과 토착화 현상의 '상호공속'을 인정하고, '토착화 신학'이 일부 신학자 중심의 신학적 담론에 머문 사실에 유의하여 신학사적 지평을 확장해야 함을 주장한다.

이러한 관점에서 보면 토착화 신학의 지평이 자연스럽게

---

270) 서정민, 「한국 교회 '토착화'와 '토착화 신학'에 대한 역사적 이해」, 『한국기독교와 역사』 제18호, 2003, 150쪽.
271) 같은 책, 165쪽.

확대되고, 한국 신학의 하나인 민중신학은 정치·사회적 토착
화 신학으로, 또 다른 하나인 토착화 신학은 종교·문화적 토
착화 신학으로 해석할 수 있다. 정경옥은 여러 글에서 민중신
학적 언급을 하였다.[272] 위의 방애인 이야기뿐만 아니라 예수
의 나사렛 선언을 여기저기에서 인용하는 것 등 당시 일제의
상황에서 고통받는 민중을 향한 애절한 사랑을 표현하였다.
그는 한국 신학의 토착화의 이론적 토대를 제공하였을 뿐만
아니라 토착화 신학을 실현하였다고 볼 수 있다.

---

272) 정경옥, 『기독교신학개론』, 420~421쪽, 507~508쪽; 『기독교의
　　원리 외 3종』, 359쪽.

맺음말

지금까지 1930년대의 대표적 신학자 정경옥의 생애와 신학을 살펴보았다. 정경옥은 진보적인 감리교 신학을 정립하는 데 크게 기여하였을 뿐만 아니라 한국 신학사의 커다란 이정표가 될 조직신학 책을 저술하여 한국 교회에 학문적 신학의 장을 마련해 주었다. 그는 한국 신학계에 토착화 신학의 이론적 기초를 제공했을 뿐만 아니라 토착화 신학이 적용된 작품(『그는 이렇게 살았다』)을 우리에게 보여 주었다.

정경옥은 일찍 세상을 떠났다. 만일 그가 더 오래 살아서 계속 활동했다면 한국 신학계에 더 큰 혁신이 일어날 수 있었을 것이다.

정경옥 신학의 장점이기도 한 종합주의적 신학은 또한 단점이 된다. 포용성과 관용성이 돋보이기는 하지만 어떤 사안에 대하여 입장이 분명하지 않다는 말이다. 교회의 역사는 이설과 이교와의 대결과 투쟁의 상황에서 정립되고 성숙해 왔다.[273] 전체적이고 세밀하게 정경옥의 신학을 살펴 이해하지 않으면 오해할 소지가 있다는 것이다. 정경옥에게서 웨슬리의 복음주의와 바르트의 신학의 측면을 고려하지 않고 슐라이어마허나 리츨, 그리고 프랭클린 롤 등의 자유주의 신학적 측면만을 읽어 나가면 정경옥을 진짜 자유주의 신학자로 오독할 가능성이 있다.

정경옥의 영성은 그리스도 중심적 영성으로 예수의 사상과 인격, 그리고 구속의 은총을 삶 속에서 살아가는 것이다. 그는 철저한 예수주의자로서 살고자 하였다. 또한 그의 영성은 구속의 하나님의 사랑에 감격하여 형제를 위하여 생명을 버리는 요한적 사랑을 강조하는 영성이었다. 그는 구속 중심적 영성과 창조 중심적 영성이 균형 있게 조화를 이룬 영성을 우리에게 보여 준다. 그는 요한1서 강해를 통하여 조직신학자로서 성서강해의 좋은 모델을 제공하여 주었으며 사랑과 정의를 통합한 영성을 보여 주었다. 정경옥은 평범한 일상적 삶에서 하나님을 발견하는 일상생활의 영성을 주장하였다. 정경옥의 영성은 신앙생활을 하는 한국 그리스도인에게 생활신앙으로 살아야 함을 가르쳐 준다. 그는 하나님 앞에 참된 영성은 그리스도인의 생활의 현장에서 거룩해지는 것임을 주장

---

273) 아우구스티누스의 경우 마니교, 도나투스주의자, 펠라기우스와의 논쟁을 통하여 자신의 신학을 발전시켰다.

하였다.

정경옥은 자유주의의 신학적 주장을 받아들이면서도 자유주의의 약점을 비판하였음을 볼 수 있었다. 그러므로 정경옥의 신학을 자유주의라고 규정하는 것은 정확하지 않다. 그의 신학은 '종합적 복음주의 신학'과 '에큐메니컬 복음주의 신학'으로 규정하는 것이 한국 교회의 일치에도 유익하며, 불필요한 오해를 일으키지 않으리라 생각한다.

또한 우리는 정경옥이 현대 과학의 성과를 받아들이고 비판하면서 신학을 하였음을 볼 수 있었다. 한국 교회는 신학과 과학의 대화에서 정경옥의 모범과 통찰력을 계승하여 신학을 전개해야 한다. "종교 없는 과학은 절름발이이고, 과학 없는 종교는 미신이다."라는 알베르트 아인슈타인의 금언을 명심해야 한다. 한국 교회의 현장에서는 우주의 생성 연대를 근본주의적 성서해석을 토대로 짧게 해석하는 창조과학의 논의가 많이 회자되고 있다. 현대 물리학계에서는 150억 년을 말한다. 이제는 현대 지성에 솔직하게 대응하는 신학이 신학계뿐만 아니라 교회에서도 자리 잡도록 해야 한다.

정경옥은 교회사의 풍부한 자원을 통하여 즈직신학을 전개하였다. 그는 그리스 교부, 특히 알렉산드리아의 클레멘스, 오리게네스의 신학을 좋아하여 이성을 통하여 신학하는 모범을 한국 교회에 보여 주었다. 한국 신학계는 교부와 중세에 대한 연구가 아직도 부족한 형편이다. 그리스어, 라틴어 원전에서 중요한 저술을 우리말로 옮겨야 하고 고전으로부터 새로운 통찰을 얻을 수 있어야 한다.[274]

한국 교회는 구속 중심의 적색 은총에 지나치게 경도되어 있다. 필자는 창조 중심의 녹색 은총을 균형 있게 강조함으로 현대의 생태계의 위기를 극복할 수 있으며, 창조의 아름다움을 즐기면서 하나님의 창조의 동역자로서 참여할 수 있다고 생각한다. 순서상 구속을 먼저 강조하고서 창조의 세계로 나아가는 것을 정경옥의 신학에서 배워야 한다. 그는 창조와 구속, 정의와 사랑, 개인과 사회에서 어느 하나만을 취하지 않고 둘 다를 취하여 지평융합하고 아우르는 통전적이고 통합적인 영성과 신학을 보여 주었다.

"정경옥의 신학이나 그의 방법들이 단순히 만병통치약이 되는 것은 아니다. 이것들은 쉽게 데워서 즉시 먹을 수 있는 즉석 냉동식품과 같은 것이 아니다. 그것들은 새로운 세계의 문화적 맥락 속에서 상상력을 통해 새롭게 갱신될 필요가 있다(핵심을 보전하는 배려, 매개체는 혁신하는 상상력). 정경옥은 무익한 양극화를 피했으며, 따라서 만일 우리의 신학자들이 정경옥처럼 성서 속에 깊이 들어가고(성서의 상상력과 신비 속

---

274) 한국 교회사학회 안에 기독교고고전(LCC) 번역 및 출판 위원회가 구성되어 번역 작업을 추진하는 것은 늦지만 반가운 일이다.

에 둥지를 틀고), 과거의 기독교 지혜를 참으로 존중하고 비판적 이성의 학문들에 대해 진지하게 마음을 열며 성령의 불길에 대해 민감하게 순응한다면, 우리들도 또한 그럴 수 있으리라고 생각한다.

정경옥의 복합적 신학 방법은 다른 교리적 전통의 일부를 박탈하는 위협 없이, 또 그들 자신의 정체성을 무시할 두려움 없이 그들과 효과적인 연합을 이루는 에큐메니컬한 장점을 가진다.”[275]

현대의 상황에 창조적이고 책임적인 신학을 하고자 하는 신학자에게 자유주의 신학이라는 꼬리표를 달아 억압하는 길이 한국 교회에서는 아직도 일어나고 있다. 한국 교회는 성서, 전통, 이성, 경험의 4중 표준을 통해 열려 있는 신학을 하는 자세를 정경옥의 신학으로부터 배워야 한다.

---

[275] 아우틀러의 웨슬리에 대한 표현을 정경옥으로 바꾸었다. 알버트 아우틀러, 「웨슬리의 4가지 신학적 기준」, 『세계의 신학』 1996년 여름호, 229~230쪽.

참고문헌

정경옥 저·역서 및 기고문

『그는 이렇게 살았다』, 애린사회사업연구사 출판부, 1938.
『기독교신학개론』, 감리교신학대학교 출판부, 2005.
『기독교의 원리 외 3종』, 감리교신학대학교 출판부, 2005.
『기독교사(번역)』, 감리교신학대학교 출판부, 2005.
『정경옥 교수의 글모음』, 감리교신학대학교 출판부, 2005.
「위기신학의 요령」, 『신학세계』 제17권 제5호, 1932.
「요한1서 강해(1회)」, 『신학세계』 제18권 제1호, 1933.
「기독교 신학 사상의 추향」, 『신학세계』 제18권 제2호, 1933.
「생명의 도」, 『신학세계』 제18권 제2호, 1933.
「기독교사상계통(제3회)」, 『신학세계』 제18권 제4호, 1933.
「묵상의 일기」, 『신학세계』 제19권 제3호, 1934.
「조선적인 기독교」, 『신학세계』 제19권 제5호, 1934.
「복음주의의 재평가」, 『신학세계』 제19권 제5호, 1934.
「마가복음의 종결구 문제」, 『신학세계』 제19권 제5호, 1934.
「인간하경수점」, 『신학세계』 제19권 제5호, 1934.
「구속의 경험론적 비판」, 『신학세계』 제19권 제6호, 1934.
「묵상」, 『신학세계』 제19권 제6호, 1934.
「요한1서 강해(5회)」, 『신학세계』 제20권 제1호, 1935.
「도야지와 원시종교」, 『신학세계』 제20권 제1호, 1935.
「성 오거스틴의 초연신관과 이에 관련한 종교 사상에 대한 비판」,
    『신학세계』 제20권 제3호, 1935.
「종교와 정당론」, 『신학세계』 제20권 제4호, 1935.
「향락문명의 해부」, 『신학세계』 20권 4호, 1935.
「강과 종교」, 『신학세계』 제20권 제4호, 1935.

「독서실」,『신학세계』 제20권 제4호, 1935.
「세계대세의 일격」,『신학세계』 제20권 제4호, 1935.
「신인본주의 비판」,『신학세계』 제20권 제5호, 1935.
「종의 유래와 가치」,『신학세계』 제20권 제5호, 1935.
「기독교 성화의 감상」,『신학세계』 제20권 제6호, 1935.
「예수의 사상」,『신학세계』 제21권 제1호, 1936.
「요한1서 강해(9회)」,『신학세계』 제21권 제1호, 1936.
「웨슬레의 노래 '영혼의 구주'」,『신학세계』 제21권 제1호, 1936.
「위기신학 사상의 연구」,『신학세계』 제21권 제3호, 1936.
「신성한 합동」,『신학세계』 제24권 제3호, 1939.
「교회의 진로」,『신학세계』 제24권 제3호, 1939.
「교회의 필요」,『신학세계』 제24권 제3호, 1939.
「현대신학의 과제」,『신학세계』 제24권 제3호, 1939.
「설교 발췌」,『신학세계』 제24권 제5호, 1939.
「권두언」,『신학세계』 제24권 제6호, 1936.
「기독(基督)의 성애(聖愛)」,『신학세계』 제24권 제6호, 1936.
「인생과 철학: 철학이 무엇인가」,『우리집』 제8호, 1932.
「꿈에도 어머님」,『우리집』 제17호, 1935.
「신앙과 고독」,『성화』 제1권 제6호, 1935.
「소화 13년의 조선기독교를 회고함」,『부활운동』 제4권 제12호,
      1938.
「주간명상」,『부활운동』 제5권 제1호, 1939.
「통속신학강좌: 기독교의 개관(1)」,『부활운동』 제5권 제1호, 1939.
「주간명상」,『부활운동』 제5권 제2호, 1939.
「통속신학강좌: 기독교의 기원(2)」,『부활운동』 제5권 제2호, 1939.
「통속신학강좌: 기독교의 개관(3)」,『부활운동』 제5권 제3호, 1939.
「청빈의 사도승송」,『부활운동』 제5권 제3호, 1939.
「기독의 성애: 고 정경옥 선생유고」,『조알』 창간호, 1946.
이 에프 티틀, 정경옥 옮김,「기독교와 구미의 국가주의」,『신학세계』
      제19권 제4호, 1934.
에프 째 맥코넬, 정경옥 옮김,「권위 있는 설교」,『신학세계』 제19권
      제5호, 1934.
R,A, Ragsdale, 정경옥 옮김,「내 아버님」,『신학세계』 제20권 제2호,
      1935.

Chyong, Kyong-ok, "An examination of J. H. Leuba's psychology of religious mysticism with reference to the distinction between the lower and the higher forms of mysticism".

2차 자료

강남순, 『현대여성신학』, 대한기독교서회, 1994.
게르트 타이센 · 아네테 메르츠, 손성현 옮김, 『역사적 예수』, 다산글방, 2001.
고재식 편저, 『해방신학의 재조명』, 사계절, 1986.
곽노순, 『우주의 파노라마: 21세기를 향한 과학과 종교』, 도서출판 네쌍스, 1994.
구티에레즈, 허병섭 옮김, 『해방신학』, 미래사, 1986.
기독교대백과사전 편찬위원회 편, 『기독교대백과사전』 제13권, 기독교문사, 1984.
기독교대한복음교회 총회 신학위원회 편, 『최태용의 생애와 신학』, 한국신학연구소, 1995.
김경재, 『김재준 평전』, 삼인, 2001.
―――, 『아레오바고 법정에서 들려오는 저 소리』, 삼인, 2005.
김광우, 『빛으로 와서』, 도서출판 탁사, 2002.
김균진, 『자연환경에 대한 기독교 신학의 이해』, 연세대 출판부, 2006.
김균진 · 신준호, 『기독교 신학과 자연과학의 대화』, 대한기독교서회, 2004.
김득중 편, 『손정도 목사의 생애와 사상』, 감리교신학대학교 출판부, 2004.
김이곤, 『신의 약속은 파기될 수 없다』, 한국신학연구소, 1979.
김인수 엮음, 『사료 한국 신학사상사』, 장로회신학대학교 출판부, 2003.
김재준, 『김재준 전집(13): 범용기(1)』, 한신대학 출판부, 1992.
김정현, 『니체, 생명과 치유의 철학』, 책세상, 2005.
김진호 편, 『예수 르네상스』, 한국신학연구소, 1996.
김창수 · 김승일, 『해석 손정도의 생애와 사상 연구』, 넥서스, 1999.

김홍기, 『존 웨슬리 신학의 재발견』, 대한기독교서회, 1993.
김흡영, 『현대과학과 그리스도교』, 대한기독교서회, 2006.
데이비드 포드, 류장열·오흥명·정진오 최대열 옮김, 『현대 신학과
　　신학자들』, 기독교문서선교회, 2006.
도로시 배스 편, 허정갑 옮김, 『일상을 통한 믿음 혁명』, 예영커뮤니
　　케이션, 2004.
로저 올슨·크리스토퍼 홀, 이세형 옮김, 『삼위일체』, 대한기독교서
　　회, 2004.
랜디 매닥스 편, 이후정 옮김, 『웨슬리 신학 다시 보기』, 기독고대한
　　감리회 홍보출판국, 2000.
류기종, 『기독교 영성』, 은성, 1997.
류형기, 『감격의 팔십오년: 류형기 감독 회상기』, 한국기독교문화원,
　　1983.
마커스 보그, 한인철 옮김, 『새로 만난 하느님』, 한국기독교연구소,
　　2001.
매튜 폭스, 황종렬 옮김, 『원복』, 분도출판사, 2001.
──, 김순현 옮김, 『영성 : 자비의 힘』, 다산글방, 2002.
──, 송형만 옮김, 『우주 그리스도의 도래』, 분도출판사, 2002.
──, 김순현 옮김, 『마이스터 에카르트는 이렇게 말했다』, 분도출
　　판사, 2006.
미하엘 벨커·존 폴킹혼 엮음, 신준호 옮김, 『종말론에 관한 과학과
　　신학의 대화』, 대한기독교서회, 2004.
박준서, 『구약세계의 이해』, 한들출판사, 2001.
박희병 편역, 『선인들의 공부법』, 창작과비평사, 1998.
백승영, 『니체, 디오니소스적 긍정의 철학』, 책세상, 2005.
변선환 아키브 편, 『요한 웨슬리 신학과 선교』, 한국신학연구소,
　　1988.
브래들리 홀트, 엄성옥 옮김, 『기독교 영성사』, 은성출판사, 1996.
샐리 맥페이그, 『생태학적 핵 시대와 하나님의 세 모델』, 정애성 옮
　　김, 뜰밖, 2006.
서정민, 『한국 교회 논쟁사』, 이레서원, 1994.
송길섭, 『한국신학사상사』, 대한기독교출판사, 1987.
심광섭, 『기독교 신앙의 아름다움』, 다산글방, 2003.
──, 『신학으로 가는 길』, 한국신학연구소, 1996.

앨리스터 맥그래스, 김덕천 옮김, 『기독교 영성 베이직』, 대한기독교
　　서회, 2006.
엄두섭, 『한국적 영성』, 은성출판사, 2006.
역사위원회 편, 『한국 감리교 인물사전』, 기독교대한감리회, 2002.
영적대각성 100주년 기념 학술연구회, 『각성·갱신·부흥』, 감리교신
　　학대학교 출판부, 2006.
우원기념사업회 편, 『끝날의 징조와 사는 길』, 강남대학교 출판부,
　　2000.
유동식, 『한국 감리교회 사상사』, 전망사, 1993.
━━━, 『한국 감리교회의 역사 I』, 기독교대한감리회 유지재단,
　　1994.
━━━, 『한국신학의 광맥』, 전망사, 1982.
━━━, 『한국신학의 광맥』, 다산글방, 2000.
윤춘병, 『한국감리교 교회성장사』, 감리교출판사, 1997.
━━━, 『한국감리교회 출판문화연구』, 감리교신학대학교 출판부,
　　2005.
이덕주, 『한국 토착교회 형성사 연구』, 한국기독교역사연구소, 2000.
━━━, 『종교교회사』, 도서출판 종교교회, 2005.
이만열, 『한국기독교문화운동사』, 대한기독교출판사, 1987.
이상성, 『우주의 진화와 하느님』, 한국신학연구소, 2005.
이성삼, 『감리교와 신학대학사』, 한국교육도서출판사, 1977.
이언 바버, 이철우 옮김, 『과학이 종교를 만날 때』, 김영사, 2002.
이은선·이경 편, 『이신의 슐리어리즘과 신학』, 종로서적, 1992.
이정배, 『토착화와 생명문화』, 종로서적, 1991.
━━━, 『하느님 영은 불고 싶은 대로 분다』, 한들출판사, 1998.
━━━, 『한국 개신교 전위토착신학 연구』, 대한기독교서회, 2003.
━━━, 『한국적 생명신학』, 도서출판 감신, 1996.
이화여자대학교 한국문화연구원 편, 『신학 연구 50년』, 혜안, 2003.
장동민, 『박형룡의 신학 연구』, 한국기독교역사연구소, 1998.
전병호, 『복음교회 50년 약사』, 기독교대한복음교회 역사편찬위원회,
　　1985.
정승훈, 『종교개혁과 21세기』, 대한기독교서회, 2001.
━━━, 『칼 바르트와 동시대성의 신학』, 대한기독교서회, 2006.
정옥자·금장태, 『시대가 선비를 부른다 : 조선선비들의 사상, 철학

그리고 삶』, 효형출판사, 1998.
조은하, 『통전적 영성과 기독교교육』, 한들출판사, 2004.
존 딜렌버거·클라우드 웰취, 주재용·연규홍 옮김, 『프로테스탄트 교회의 역사와 신학』, 한신대학교 출판부, 2004.
존 캅, 심광섭 옮김, 『은총과 책임』, 기독교대한감리회 홍보출판국, 1998.
콜린 윌리엄즈, 이계준 옮김, 『존 웨슬리 신학의 신학』, 전망사, 1993.
쿠어트 슈미트, 정병식 옮김, 『교회사』, 성서와신학연구소, 2004.
크리스토퍼 라이트, 김재영 옮김, 『현대를 위한 구약윤리』, IVP, 2006.
테오도어 러넌, 김고광 옮김, 『새로운 창조』, 기독교대한감리회 홍보출판국, 1999.
티모시 조이스, 채천석 옮김, 『켈트 기독교』, 기독교문서선교회, 2003.
편집위원회 편, 『한국사회와 한국 교회의 과제』, 도서출판 감신, 1998.
편집위원회 편, 『이용도의 생애·신학·영성』, 한들출판사, 2001
폴 스티븐스, 박영민 옮김, 『현대인을 위한 생활 영성』, IVP, 1996.
필립 뉴엘, 정미현 옮김, 『켈트 영성 이야기』, 대한기독교서회, 2001.
한국 교회사학연구원 편, 『한국 기독교사상』, 연세대학교 출판부, 1988.
한국기독교역사연구소, 『한국 기독교의 역사 II』, 교문사, 1990.
한국웨슬리신학회 편, 『웨슬리와 감리교신학』, 감신대 출판부, 1999.
한숭홍, 『한국신학사상의 흐름(상)』, 장신대 출판부, 1996.
──────, 『한국신학사상의 흐름(하)』, 장신대 출판부, 1996.
해암 이준묵 목사 팔순기념문집 출판위원회 편, 『참의 사람은 말한다』, 대한기독교서회, 1992.
현우식, 『과학으로 기독교 새로 보기』, 연세대 출판부, 2006.
홍정수, 『감리교 교리와 현대신학』, 세계신학연구원, 1989.
홍현설, 『우리가 고백하는 신앙』, 감리회 총리원, 1968.
Ford, David ed., *The Modern Theologians*, Blackwell Publishers, 1997.
Hodgson, Peter C., *Winds of the Spirit*, Westminster John Knox Press, 1994.

Langford, Thomas A., *Practical Divinity: Theology in the Wesleyan Tradition*, Abingdon Press, 1983.

McFague, Sallie, *Models of God: Theology for an Ecological, Nuclear Age*, Fortress Press, 1987.

Peters, Ted, *God: The World's Future*, Fortress Press, 2000.

Tillich, Paul, *Systematic Theology*, Vol, I, The Univ, of Chicago Press, 1951.

Tracy, David, *The Analogical Imagination*, Crossroad Publishing Co., 1991.

―――, *Blessed Rage for Order*, The Univ, of Chicago Press, 1996.

Welch, Herbert, *As I Recall My Past Century*, Abingdon Press, 1962.

정기·비정기 간행물 기사 및 소논문

강윤구, 「과학시대의 기독교 변증」, 『세계의 신학』 통권 제46호, 2000, 226~250쪽.

김경재, 「한국신학의 태동과 흐름」, 『기독교사상』 2002년 2월호, 128~136쪽.

김천배, 「정경옥 교수의 편모」, 『기독교사상』 1958년 5월호, 26~29쪽.

김철손, 「정경옥과 성서연구」, 『신학과 세계』 통권 제5호, 1979, 22~46쪽.

류대영, 「초기 한국 교회에서 'evangelical'의 의미와 현대적 해석의 문제」, 『한국기독교와 역사』 제15호, 2001, 117~144쪽.

박대인, 「정경옥 교수의 신학사상에 나타난 미국신학의 배경」, 『신학과 세계』 통권 제8호, 1980, 173~205쪽.

박용규, 「정경옥의 신학사상」, 『신학지남』 1997년 겨울호, 156~172쪽.

박종천, 「그는 이렇게 살았다: 정경옥의 복음적 에큐메니컬 신학(1)」, 『기독교사상』 2002년 7월호, 150~158쪽.

―――, 「복음적 에큐메니컬 기독교 신학: 정경옥의 복음적 에큐메니컬 신학(2)」, 『기독교사상』 2002년 8월호, 166~175쪽.

서정민, 「새로운 조선을 성서 위에 세우라: 김교신의 생애와 사상」,

『세계의 신학』1996년 가을호, 36~46쪽.

─────, 「한국감리교회 신앙고백선언에 나타난 '성화사상'」, 『한국기
     독교와 역사』 제13호, 2000, 105~130쪽.

─────, 「한국 교회 '토착화'와 '토착화 신학'에 대한 역사적 이해」,
     『한국 기독교와 역사』(18 2003), 149~169쪽.

손호현, 「미학신학을 찾아서: 화이트헤드의 과정신학과 미학」, 『조직
     신학 논총』 제16호, 2006, 253~284쪽.

신광철, 「정경옥의 생애와 사상에 대한 연구 및 자료의 검토」, 『한국
     기독교역사역구소소식』 제18호, 1995, 24~30쪽.

─────, 「한국 교회는 대부흥운동을 어떻게 바라보고 있는가?」,
     『2006년 한국기독교역사학회 학술 심포지엄 자료집』, 한국기독
     교역사학회 · 한국기독교역사연구소, 2006.

심광섭, 「정경옥의 복음주의적 생(生/삶)의 신학」, 『정경옥 교수 추모
     기도회 및 강연회 자료집』, 감신대 역사자료관, 2004.

─────, 「제1차 세계대전과 신학」, 『세계의 신학』 1999년 봄호,
     99~125쪽.

알버트 아우틀러, 「웨슬리의 4가지 신학적 기준」, 『세계의 신학』
     1996년 여름호, 211~230쪽.

염창선, 「초교파적 관점에서 본 성령의 본질의 기원에 대한 Filioque
     논쟁」, 『한국 교회사학회지』 제14호, 2004, 121~154쪽.

유동식, 「이용도 목사와 그의 주변」, 『기독교사상』 1967년 7월호,
     21~27쪽.

─────, 「한국신학의 광맥(4): 정경옥 편」, 『기독교사상』 1968년 4월
     호, 100~105쪽.

윤성범, 「정경옥, 그 인물과 신학적 유산」, 『신학과 세계』 통권 제5호,
     1979, 11~21쪽.

이덕주, 「감신 삐라 사건」, 『기독교세계』 2000년 7 · 8월호, 24~25쪽.

─────, 「초기 한국 교회의 웨슬리 이해」, 『세계의 신학』 1996년 봄
     호, 166~184쪽.

─────, 「근본주의 신학과 한국 교회」, 『세계의 신학』(여름 1996),
     126~143쪽.

─────, 「정경옥의 귀거래사」, 『세계의 신학』 2002년 여름호,
     120~134쪽.

─────, 「정경옥의 조선 성자 방문기」, 『세계의 신학』 2002년 가을

호, 177~193쪽.

─────, 「한국 감리교회 신앙과 신학 원리에 대하여: 1930년 「교리
　　　적 선언」과 정경옥의 『기독교의 원리』를 중심으로」, 『신학과 세
　　　계』 통권 제44호, 2002, 106~134쪽.

─────, 「한국 교회 토착신학 영성에 대하여: 정경옥 교수의 『그는
　　　이렇게 살았다』를 중심으로」, 『한국 교회사학회 주최 국제심포
　　　지엄 및 86차 학술대회 자료집』, 2005년 5월.

─────, 「초기 한국 교회 토착신학 영성: 최병헌과 정경옥의 신학과
　　　영성을 중심으로」, 『신학과 세계』 통권 제53호, 2005, 189~221
　　　쪽.

이상직, 「칼 바르트의 삼위일체론」, 『호서신학』 제2집, 1995,
　　　118~139쪽.

─────, 「한국 교회의 정통주의와 종교다원주의 사이의 갈등요인의
　　　분석과 종교 간의 대화에 대한 새로운 대안의 모색」, 『신학사상』
　　　1998년 여름호, 180~217쪽.

장동민, 「1930~1950년대 한국장로교회에서의 소위 '자유주의' 해석
　　　문제: 송창근·김재준의 신학을 중심으로」, 『한국기독교와 역사』
　　　제6호, 1997, 180~222쪽.

정미현, 「상실된 창조의 본래적 선을 찾아서: 켈트 영성과의 관련성에
　　　서 본 펠라기우스 이해」, 『조직신학논총』 제6집, 2001, 213~236
　　　쪽.

채희동, 「생활신학을 위하여」, 『세계의 신학』 1998년 겨울호, 128~
　　　145쪽.

정경옥 연보

1903. 5. 24.	전라남도 진도읍 교동리 123번지 출생
1919. 4.	경성고보 재학 중 삼일운동 학생 시위로 저적
1923. 9.	아오야마학원대학에서 신학을 공부하던 중 관동 대지진으로 귀국
1924.	감리교 협성신학교 입학
1928. 1. 28.	감리교 협성신학교 졸업
1928. 9.	개릿 신학교 유학
1930. 5.	개릿 신학교 졸업
1930. 9.	노스웨스턴 대학 입학
1931. 5.	노스웨스턴 대학 졸업(조직신학 석사)
1931. 9.~	감리교신학교 교수
1934. 9.~1937. 3.	감리교신학교 『신학세계』 주간
1935.	『기독교의 원리』 출판
1937. 4.	제6회 중부연회에서 목사 안수
1937. 3.~1939. 3.	고향 진도로 낙향하여 『그는 이렇게 살았다』 (1938), 『기독교신학개론』(1939) 출판
1939. 3.	감리교신학교 교수
1940. 3.	감리교신학교 폐교 후 만주 사평가신학교 교장
1941. 3.	사평가신학교 폐교로 고향으로 낙향
1942. 2.~1944. 3.	광주중앙교회 목회
1945. 4. 1.	42세로 별세

현대 신학자 평전 16

정경옥
-한국 감리교 신학의 개척자-

초판인쇄_2008년 6월 20일
초판발행_2008년 6월 25일
지은이_김영명
펴낸이_심만수
펴낸곳_(주)살림출판사
출판등록_1989년 11월 1일 제9-210호

주소 413-756 경기도 파주시 교하읍 문발리 파주출판도시 522-2
전화 영업부 (031)955-1350   기획편집부 (031)955-4675
팩스 (031)955-1355
이메일 book@sallimbooks.com
홈페이지 http://www.sallimbooks.com

ISBN 978-89-522-0167-6 04230 (세트)
ISBN 978-89-522-0934-4 04230

* 잘못된 책은 구입하신 서점에서 바꾸어 드립니다.
* 저자와의 협의에 의해 인지를 생략합니다.

책임편집·교정 : 강영특

값 12,000원